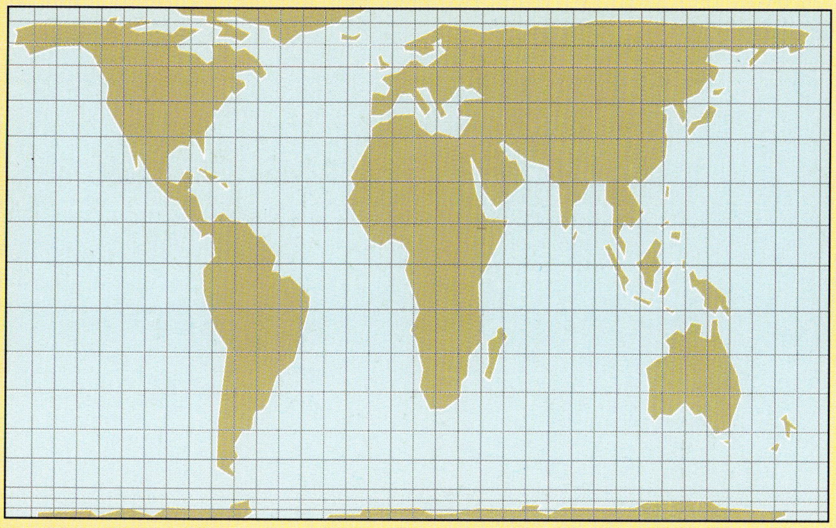

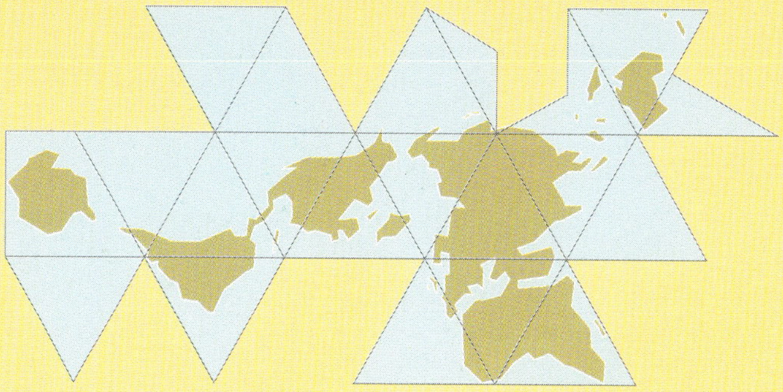

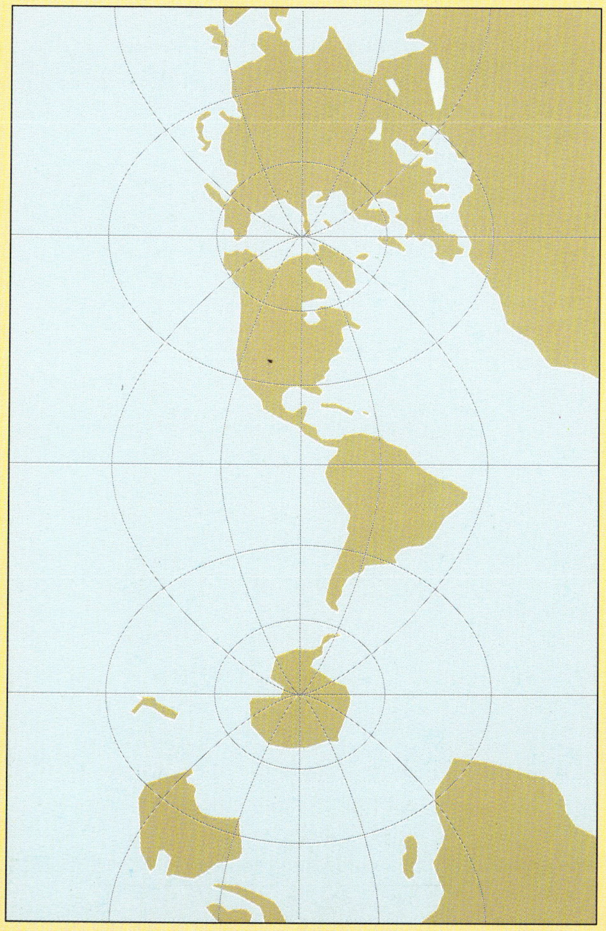

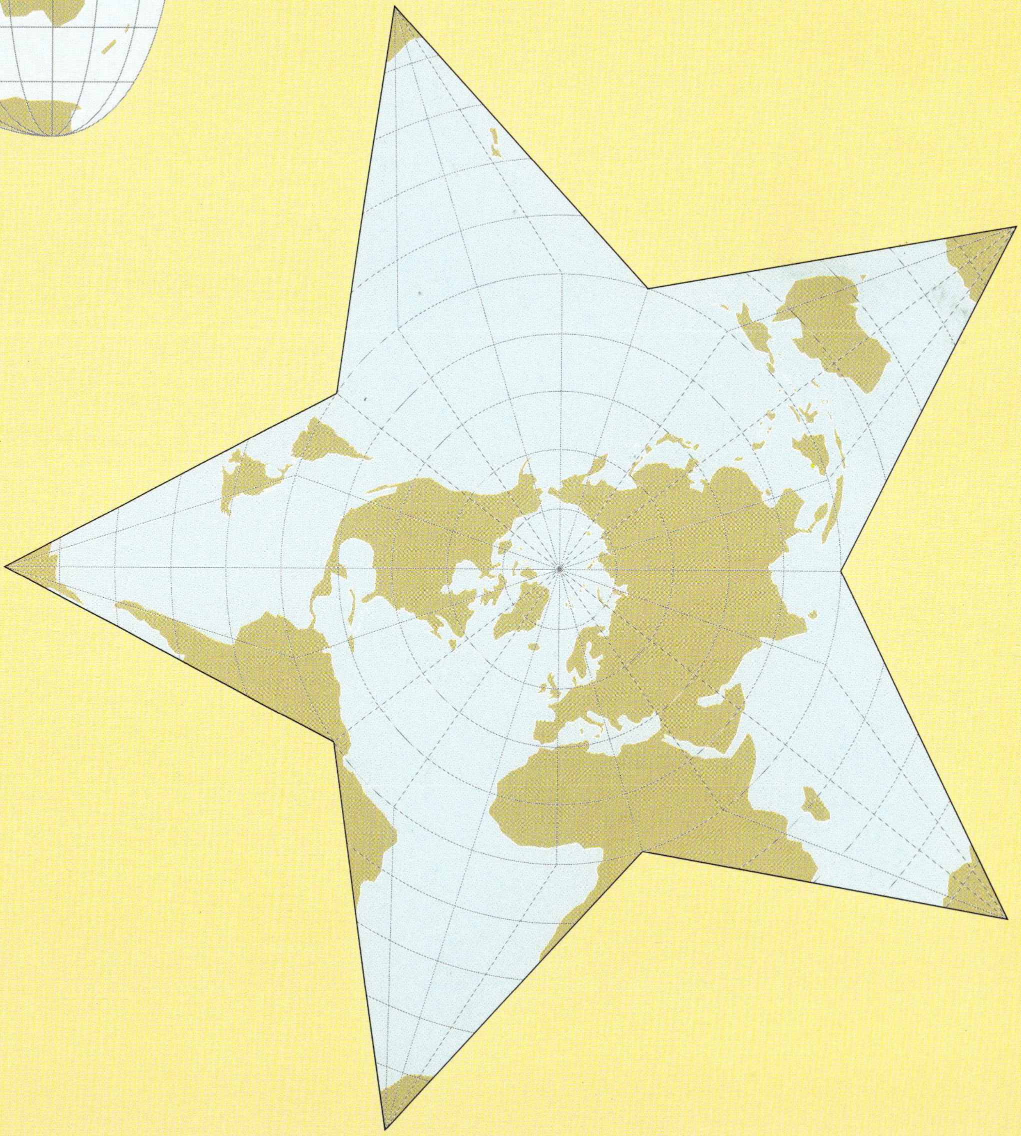

Atlas

Coordination :

Olivier Belbéoch

Agrégé de géographie

Cartographie

Jean-Louis Liennard

Valérie Dolhen

Christel Parolini

Philippe Valentin

Marc Dufosset

Sommaire

LE MONDE

Le monde physique

Le relief de la Terre .... **6 et 7**
Les continents et les océans .... **8 et 9**
Les Amériques
- L'Amérique du Nord 10
- L'Amérique du Sud 11

L'Eurasie .... **12 et 13**
L'Afrique et l'Océanie
- L'Afrique 14
- L'Océanie 15

Les climats de la Terre
Les précipitations et les températures sur Terre ....
- Les précipitations annuelles moyennes 18
- Les températures en janvier et en juillet 18
- Les températures et les précipitations au cours de l'année 19

Les formations végétales .... **20 et 21**

Les hommes et les activités

Les hommes sur la Terre .... **22 et 23**
Les états du monde .... **24 et 25**
Les transports dans le monde .... **26 et 27**
La diversité du monde ....
- Les grandes religions 28
- Les langues officielles 28
- La population 29
- La distribution des richesses 29

Les céréales
- Le blé • Le riz • Le maïs • L'orge 30

Les boissons
- Le cacao •Le café • Le thé • Le vin 31

Autres cultures
- Les arachides • le soja • Le sucre • Le coton 32

Elevage et pêche
- Les bovins • Les ovins • Les porcins • La pêche 33

Les matières premières dans le monde
- Le fer • L'acier • Le cuivre • L'aluminium 34
- L'or • L'argent • Le nickel • Le cobalt et le chrome 35

Les sources d'énergie dans le monde
- Le pétrole • Le gaz naturel 36
- Le charbon • L'électricité 37

L'EUROPE

Les héritages et les hommes

Le relief de l'Europe .... **38 et 39**

L'Europe du XVIIe siècle au XIXe siècle
- En 1600 • En 1780 40
- En 1811 • En 1815 41

L'Europe du XIXe siècle au XXe siècle
- En 1885 • En 1914 42
- En 1924 • En 1965 43

L'Europe d'aujourd'hui
- L'Europe en 1997 44
- Les langues en Europe 45

Langues et parlers : France, Belgique, Suisse
- En France 46
- En Belgique. En Suisse 47

Population et démographie
- Densité • Taux de croissance • Taux de mortalité infantile 48
- Fécondité • Jeunes de moins de 15 ans • Les personnes de 65 ans et plus • L'espérance de vie à la naissance 49

Les pays
- La Péninsule Ibérique 50
- L'Italie 51
- Les Iles britanniques 52
- Le Benelux 53
- L'Allemagne 54
- La Scandinavie 55
- L'Europe centrale 56
- L'Europe de l'Est 57
- La Suisse 58
- L'Autriche 59
- La Grèce 60
- Les Balkans 61

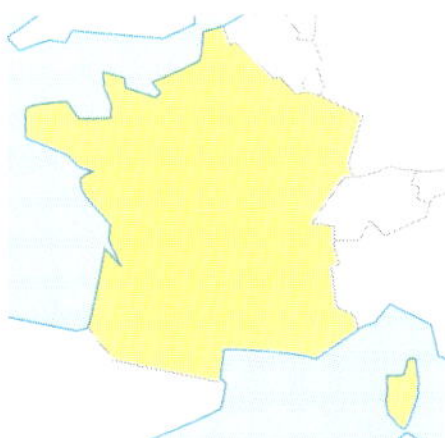

LA FRANCE

Les territoires

Le relief de la France **62**

La formation du territoire
- Evolution du royaume de France entre 987 et 1180
- Entre 1180 et 1223 • Entre 1223 et 1285 • Entre 1285 et 1314 63

Départements et régions **64**

Le puzzle français **65**

Les précipitations **66**

Les températures **67**

Les climats **68**

Les températures et les précipitations
- Nantes • Dijon • Strasbourg • Nice • Paris • Bourg-Saint-Maurice 69

Sommaire

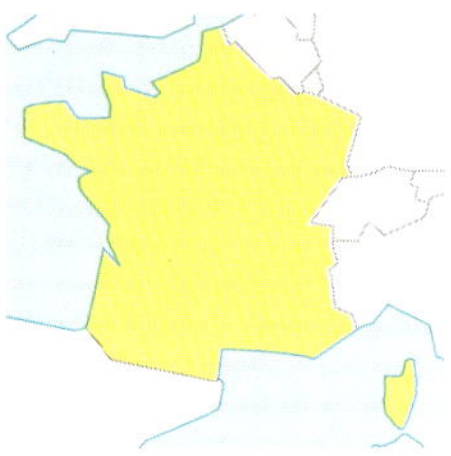

Les activités et les hommes

Les régions

Se repérer sur la Terre

Pour se situer sur la Terre, les hommes ont inventé des repères acceptés par tous.

L'**équateur** est une ligne imaginaire qui sépare le globe en deux parties : l'hémisphère Nord (ou Boréal) et l'hémisphère Sud (ou Austral).
À partir de cette ligne, le globe a été découpé en tranches parallèles de l'équateur jusqu'aux pôles. C'est la **latitude.**

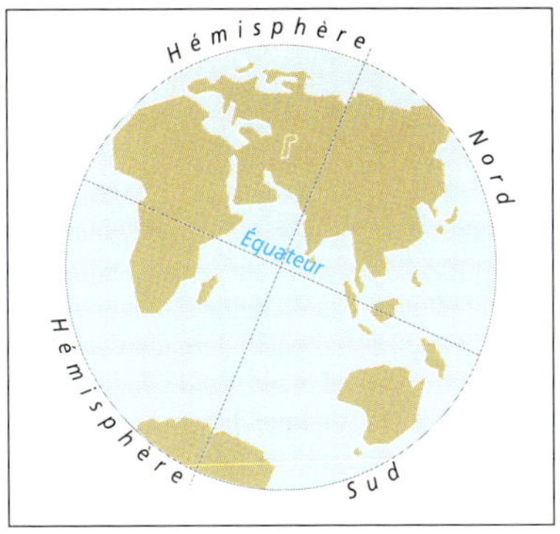

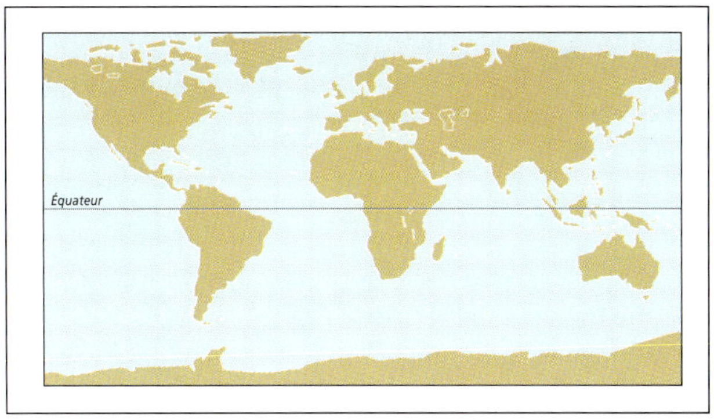

Elle se mesure en degré, minute et seconde. L'équateur est à 0° de latitude, le pôle Nord à 90° de latitude Nord et le pôle Sud à 90° de latitude Sud.
Le mille des marins, 1 852 mètres, représente la 60e partie d'un degré.

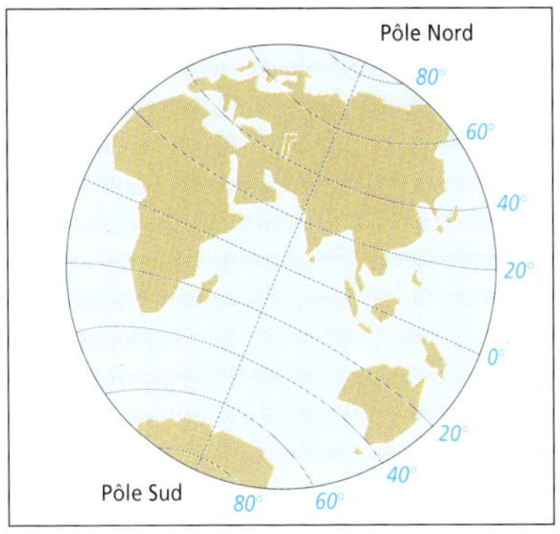

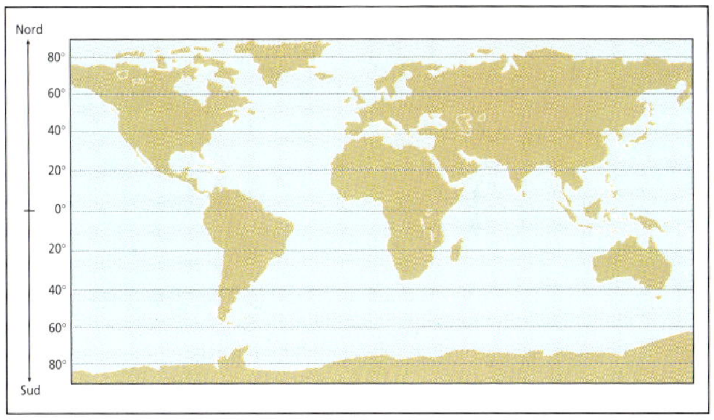

Le globe a aussi été découpé en différents quartiers un peu comme une orange. Ces lignes imaginaires, en demi-cercle, rejoignent les deux pôles.

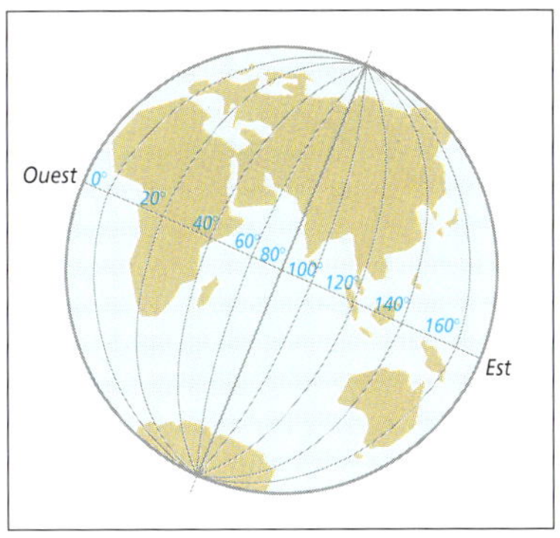

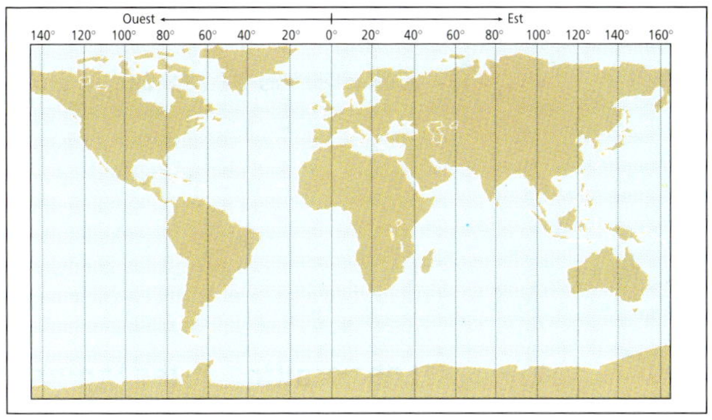

Ce sont les **méridiens.** C'est en 1884, au congrès de Washington, que le méridien d'origine a été arbitrairement choisi. Le choix d'adopter le méridien passant par l'observatoire de Greenwich (près de Londres) comme méridien « 0 » rend compte des rapports de force entre les différentes puissances à la fin du XIXe siècle. La France tenta de s'opposer à ce choix mais sans succès.

La **longitude** représente la distance par rapport au méridien d'origine. Elle se mesure en degré, minute et seconde.

La Terre est donc quadrillée et pour retrouver un lieu il faut connaître sa latitude et sa longitude.

Ce sont les **coordonnées géographiques**.

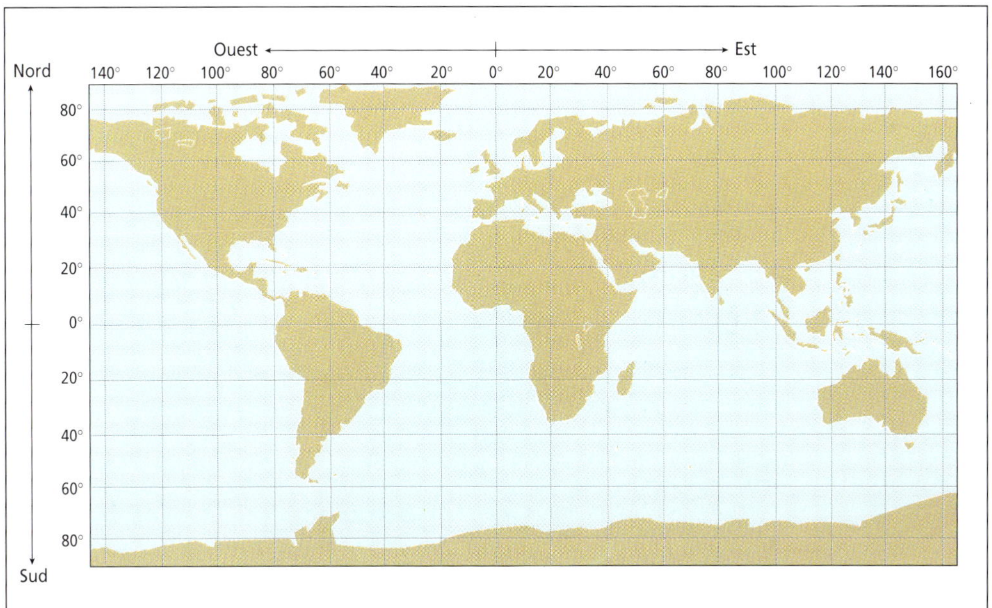

Le relief de la

Terre

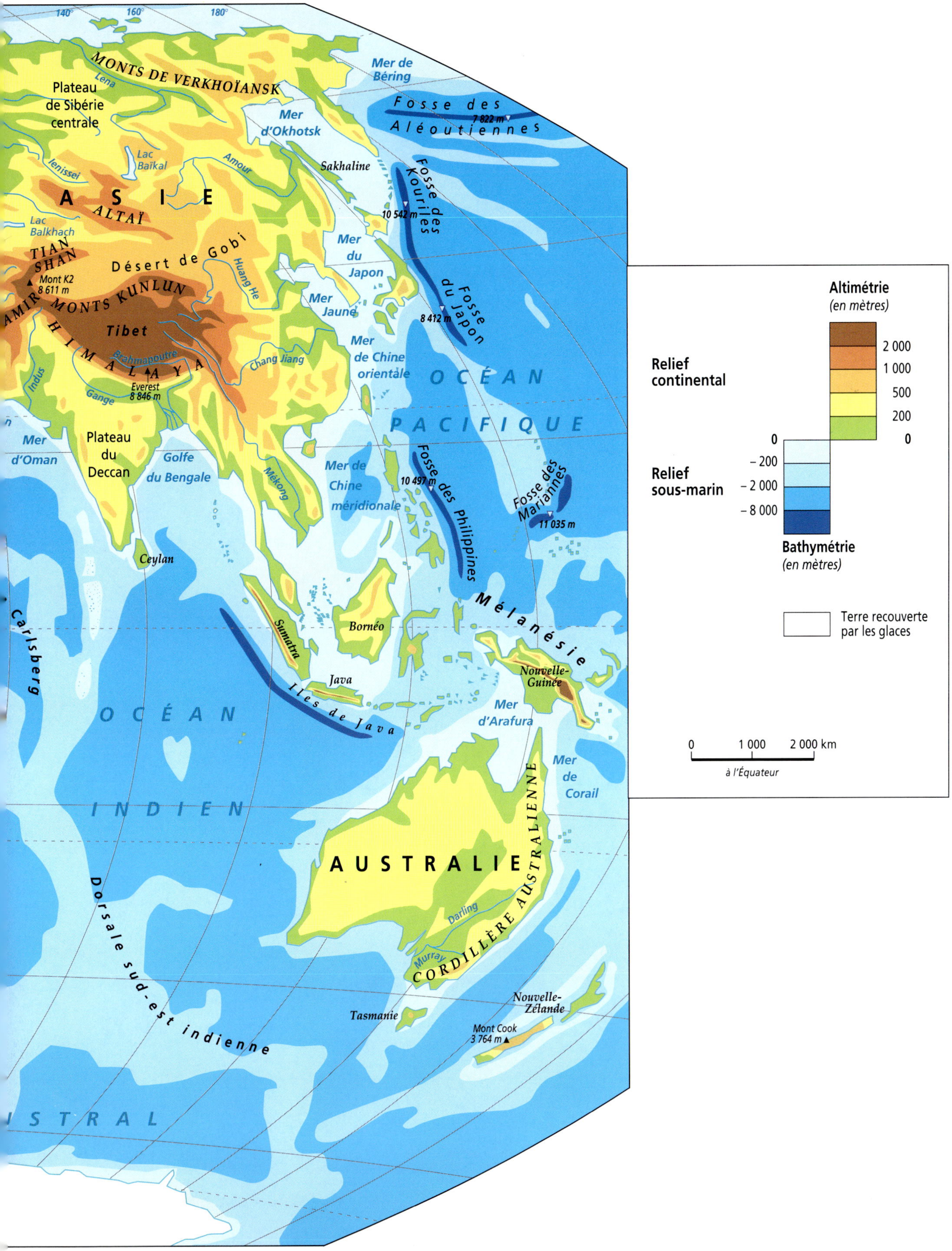
Mer de Béring
Fosse des Aléoutiennes
7 822 m
Monts de Verkhoïansk
Lena
Plateau de Sibérie centrale
Mer d'Okhotsk
Sakhaline
Fosse des Kouriles
10 542 m
Lac Baïkal
Ienisseï
Amour
ASIE
ALTAÏ
Lac Balkhach
TIAN SHAN
Mont K2 8 611 m
Désert de Gobi
Huang He
Mer du Japon
Fosse du Japon
8 412 m
Mer Jaune
Monts Kunlun
Tibet
Himalaya
Brahmapoutre
Chang Jiang
Everest 8 846 m
Indus
Gange
Mer de Chine orientale
OCÉAN PACIFIQUE
Mer d'Oman
Plateau du Deccan
Golfe du Bengale
Mékong
Mer de Chine méridionale
Fosse des Philippines
10 497 m
Fosse des Mariannes
11 035 m
Ceylan
Carlsberg
Sumatra
Bornéo
Mélanésie
Nouvelle-Guinée
Java
Îles de Java
Mer d'Arafura
OCÉAN INDIEN
Mer de Corail
AUSTRALIE
Cordillère australienne
Darling
Murray
Tasmanie
Nouvelle-Zélande
Mont Cook 3 764 m
Dorsale sud-est indienne
140°
160°
180°
Relief continental
Altimétrie (en mètres)
2 000
1 000
500
200
0
Relief sous-marin
0
– 200
– 2 000
– 8 000
Bathymétrie (en mètres)
Terre recouverte par les glaces
0
1 000
2 000 km
à l'Équateur

Les continents

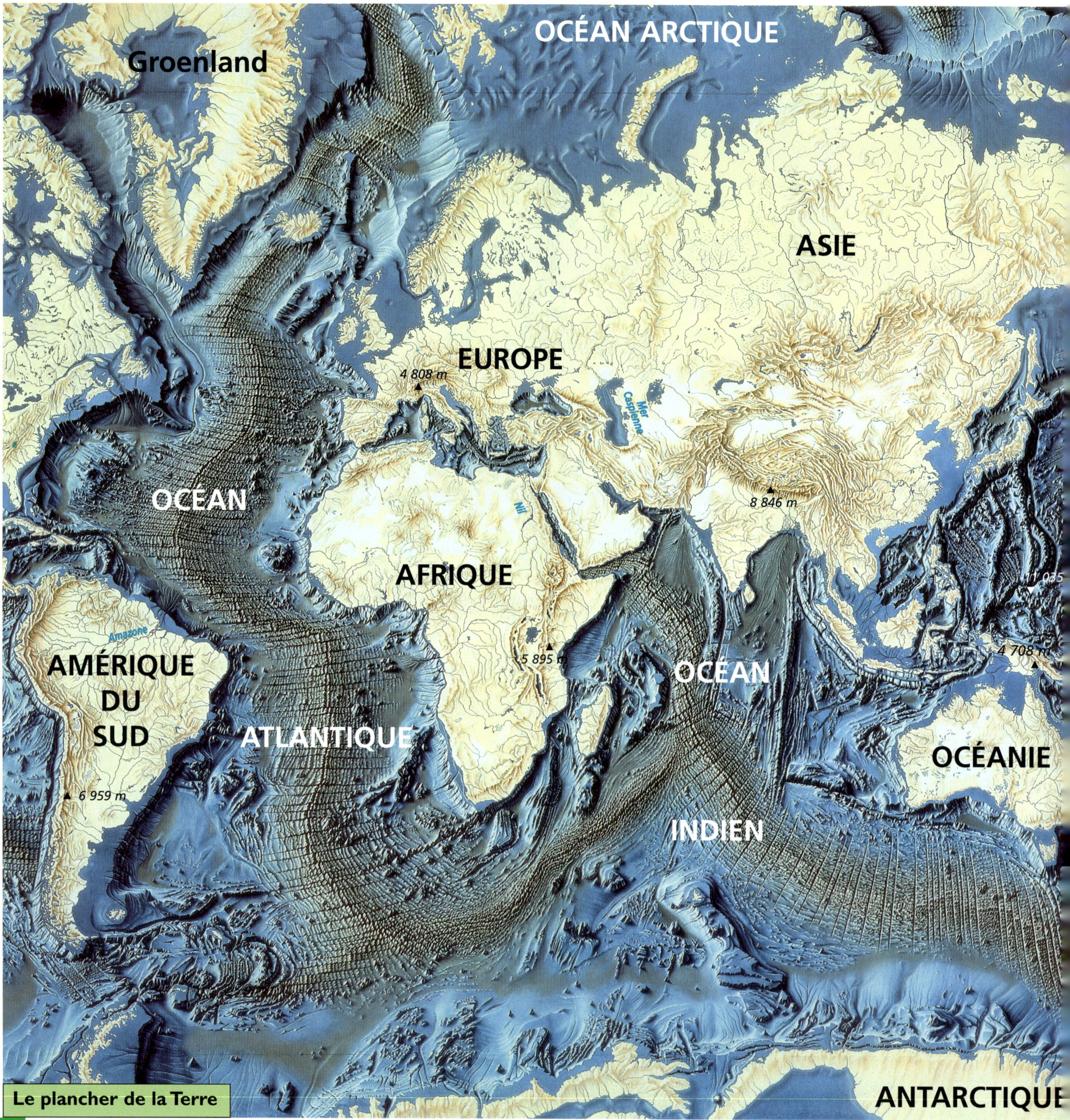

Le plancher de la Terre

et les océans

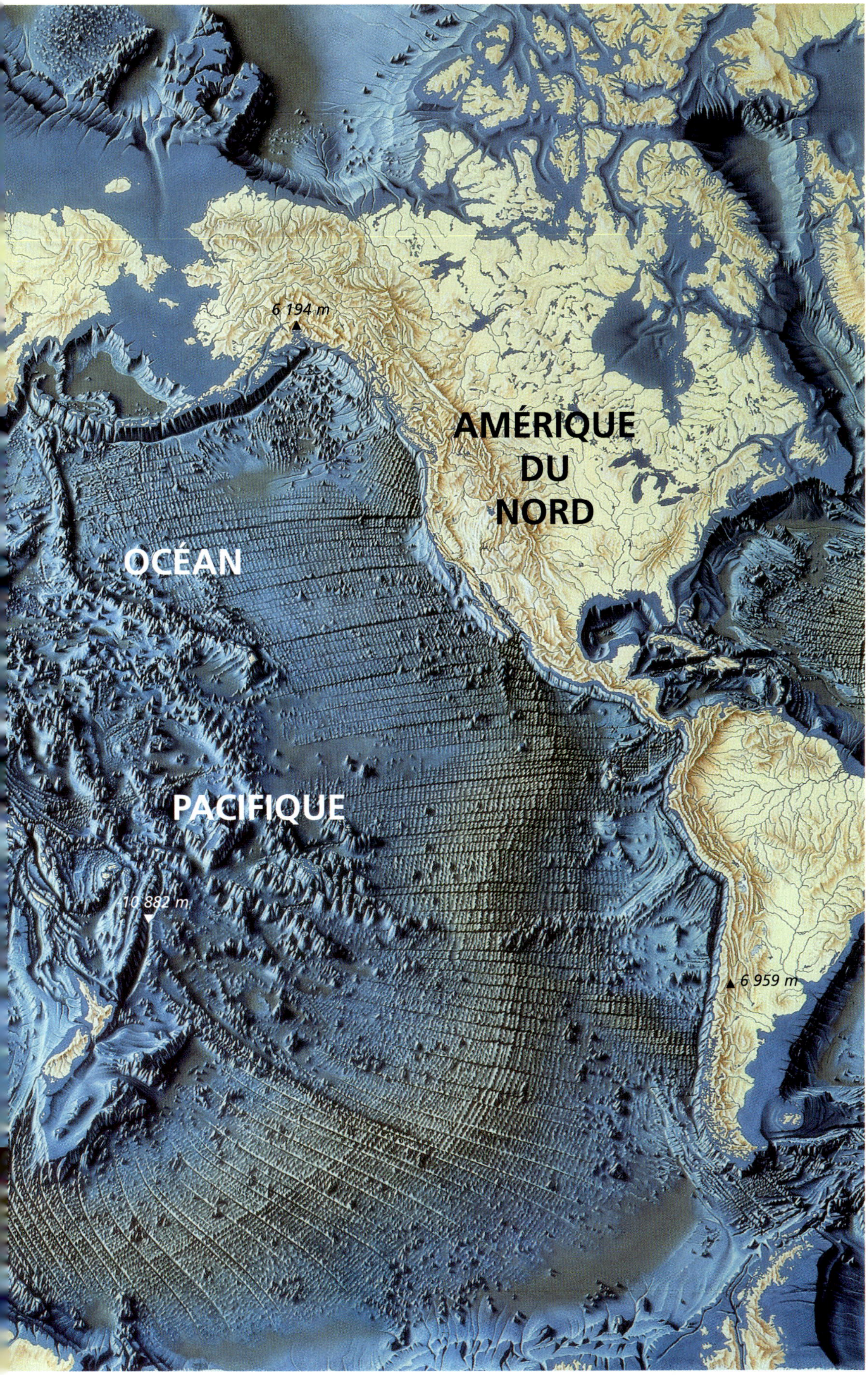

Les continents :
- Asie : 44 080 000 km²
- Afrique : 30 310 000 km²
- Amérique du Nord : 24 242 000 km²
- Amérique du Sud : 17 859 000 km²
- Antarctique : 13 908 000 km²
- Europe : 10 171 000 km²
- Océanie : 8 935 000 km²

Les océans :
- Pacifique : 178 700 000 km²
- Atlantique : 91 600 000 km²
- Indien : 76 200 000 km²
- Arctique : 14 800 000 km²

Les lacs :
- Mer Caspienne : 371 800 km²
- Supérieur : 81 350 km²
- Victoria : 68 100 km²
- Huron : 61 800 km²
- Michigan : 58 100 km²

Les îles :
- Australie : 7 687 000 km²
- Groenland : 2 171 000 km²
- Nouvelle-Guinée : 785 000 km²
- Bornéo : 736 000 km²
- Madagascar : 592 000 km²

Les montagnes :
- Afrique :
  - Kilimandjaro 5 895 m
  - Kenya : 5 199 m
- Asie :
  - Everest : 8 846 m
  - K2 : 8 611 m
- Amérique du Nord :
  - McKinley : 6 194 m
  - Logan : 6 050 m
- Amérique du Sud :
  - Aconcagua : 6 959 m
  - Salado : 6 863 m
- Antarctique :
  - Vinson : 5 140 m
  - Markham : 4 602 m
- Europe :
  - Mont Blanc : 4 808 m
  - Mont Rose : 4 638 m
- Océanie :
  - Wilhelm : 4 706 m
  - Cook : 3 764 m

Les fleuves :
- Amazone : 7 025 km
- Nil : 6 670 km
- Yangzi Jiang : 5 990 km
- Missouri : 5 970 km
- Ob : 5 410 km
- Huang He : 4 850 km
- Congo : 4 700 km

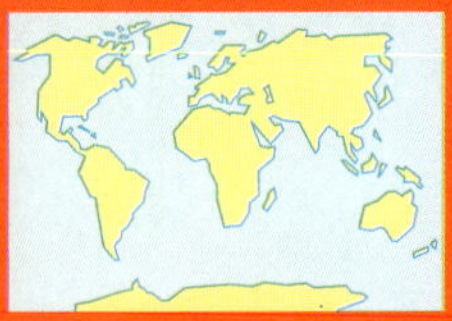

L'Amérique du Nord

L'Amérique du Sud

L'Eurasie

Relief continental

- plus de 2 000 m
- de 1 000 à 2 000 m
- de 500 à 1 000
- de 200 à 500 m
- de 0 à 200 m

Bagdad — Capitale d'État

● Ville importante

C
D
E
F
ARCTIQUE
Mer des Laptev
Détroit de Béring
Mer de Kara
rents
RUSSIE
Plateau de Sibérie centrale
Lena
Monts de VERKHOÏANSK
Plaine de Sibérie occidentale
Iénisseï
Ob
SIBÉRIE
KAMTCHATKA
OURAL
Volga
Omsk
ASIE
Irkoutsk
Lac Baïkal
Amour
Sakhaline
OPE
Don
Akmola
Irtych
niepr
Oulan-Bator
KAZAKHSTAN
ALTAÏ
Lac Balkhach
MONGOLIE
Hokkaido
Vladivostok
Mer d'Aral
Syr-Daria
Mer Caspienne
Almaty
Mer du Japon
Pékin (Beijing)
COREÉ DU NORD
er Noire
GÉORGIE
OUZBÉKISTAN
Bichkek
TIAN SHAN
Huang He
Ankara
Tbilissi
AZERBAÏDJAN
Tachkent
KIRGHIZISTAN
Pyongyang
Honshu
Erevan
Bakou
TURKMÉNISTAN
Séoul
JAPON
TURQUIE
ARMÉNIE
Douchanbé
TADJIKISTAN
Mer Jaune
CORÉE DU SUD
Tokyo
TAURUS
Téhéran
Achkhabad
Kaboul
K2 8 611 m
SYRIE
MONTS ELBOURZ
CHINE
Shikoku
LIBAN
Damas
Bagdad
TIBET
Beyrouth
Ispahan
Islamabad
Kyushu
Euphrate
Tigre
Annapurna 8 078 m
Everest 8 846 m
Mékong
Mer de Chine orientale
Tel-Aviv
Amman
IRAN
AFGHANISTAN
Shanghai
ISRAËL
IRAK
Indus
HIMALAYA
Brahmapoutre
Chang Jiang
Pén. du Sinaï
JORDANIE
Koweït
MONTS ZAGROS
New Delhi
BHOUTAN
OCÉAN
KOWEÏT
PAKISTAN
NÉPAL
Thimphou
Taipei
Golfe Persique
Katmandou
Désert du Nefoud
QATAR
Doha
Abou Dabi
Gange
Bénares
Canton
TAIWAN
Karachi
BANGLADESH
Riyad
É. A. U.
Ahmadabad
Calcutta
Dacca
Hong Kong
Mascate
Hanoï
PACIFIQUE
Mer Rouge
ARABIE SAOUDITE
INDE
MYANMAR (BIRMANIE)
LAOS
La Mecque
Hainan
Mer de Chine méridionale
OMAN
Bombay
DECCAN
Vientiane
Rangoun
Golfe du Bengale
YÉMEN
Mer d'Arabie
THAÏLANDE
VIETNAM
Manille
Sanaa
Madras
Golfe d'Aden
Bangkok
CAMBODGE
PHILIPPINES
Phnom-Penh
SRI LANKA
Colombo
BRUNEI
Bandar Seri Begawan
Kuala Lumpur
Iles Maldives
MALAISIE
SINGAPOUR
Sumatra
BORNÉO
OCÉAN
INDONÉSIE
Jakarta
Java
INDIEN
40°
60°
80°
100°
120°

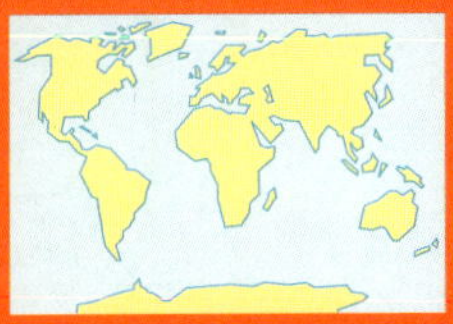

L'Afrique

échelle - 1 : 50 000 000

L'Océanie

échelle - 1 : 25 000 000

Les climats

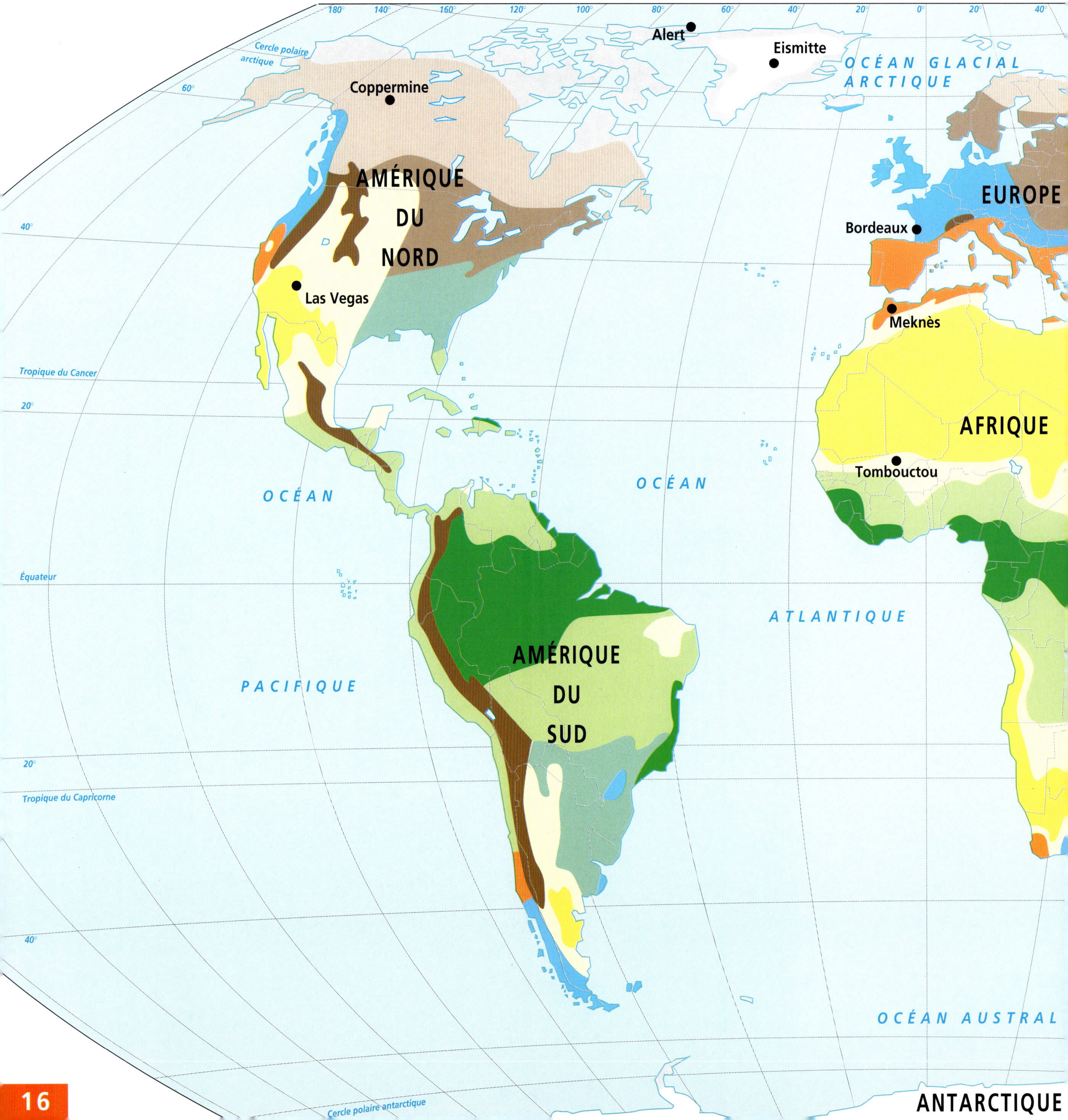

180°
140°
160°
120°
100°
80°
60°
40°
20°
0°
20°
40°
Alert
Eismitte
Cercle polaire arctique
OCÉAN GLACIAL ARCTIQUE
60°
Coppermine
AMÉRIQUE DU NORD
EUROPE
40°
Bordeaux
Las Vegas
Meknès
Tropique du Cancer
20°
AFRIQUE
Tombouctou
OCÉAN
OCÉAN
Équateur
ATLANTIQUE
AMÉRIQUE DU SUD
PACIFIQUE
20°
Tropique du Capricorne
40°
OCÉAN AUSTRAL
Cercle polaire antarctique
ANTARCTIQUE

de la Terre

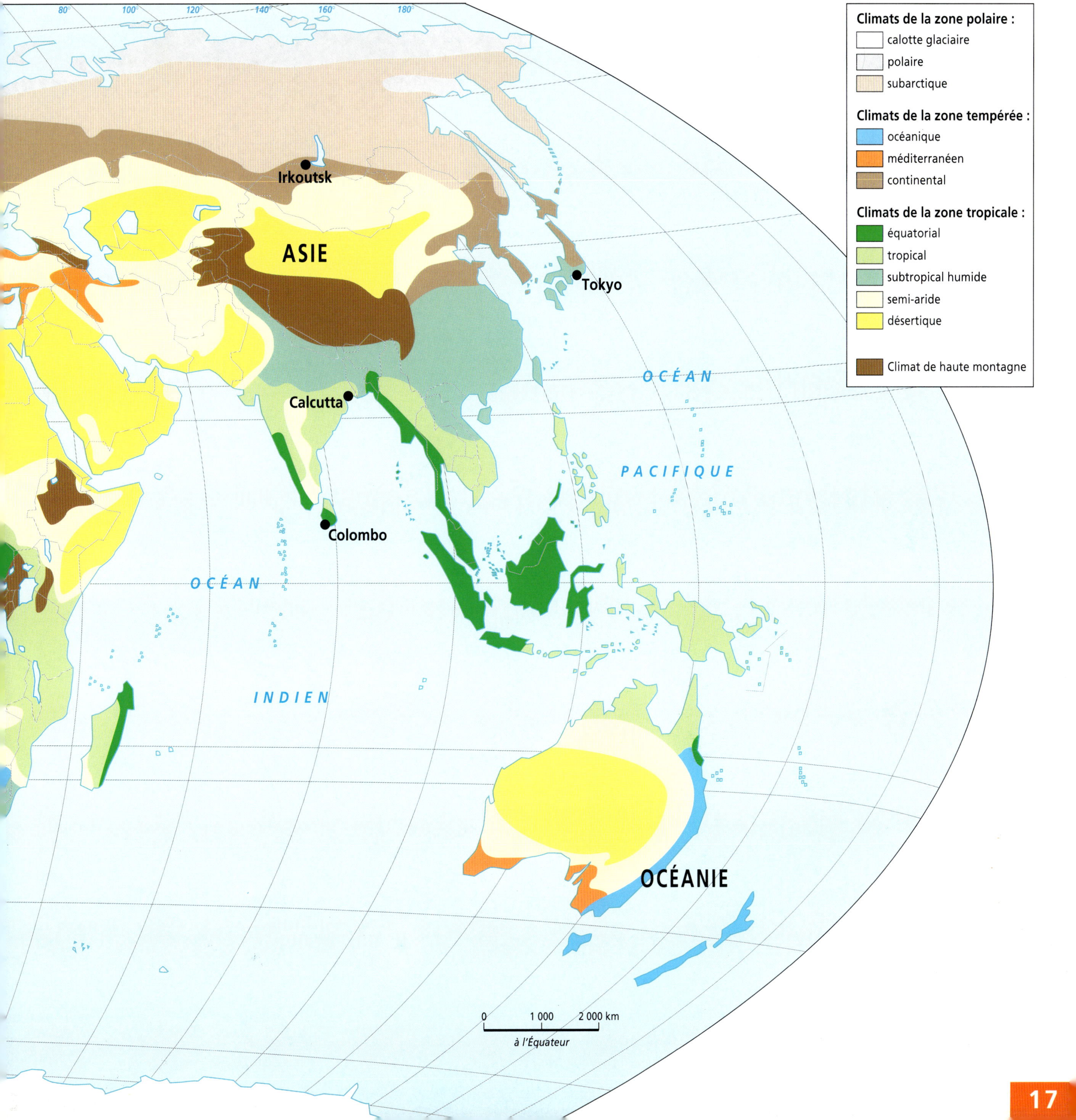

80°
100°
120°
140°
160°
180°
Irkoutsk
ASIE
Tokyo
Calcutta
Colombo
OCÉAN
PACIFIQUE
OCÉAN
INDIEN
OCÉANIE
0
1 000
2 000 km
à l'Équateur
Climats de la zone polaire :
calotte glaciaire
polaire
subarctique
Climats de la zone tempérée :
océanique
méditerranéen
continental
Climats de la zone tropicale :
équatorial
tropical
subtropical humide
semi-aride
désertique
Climat de haute montagne

Les précipitations et

1. Les précipitations annuelles moyennes

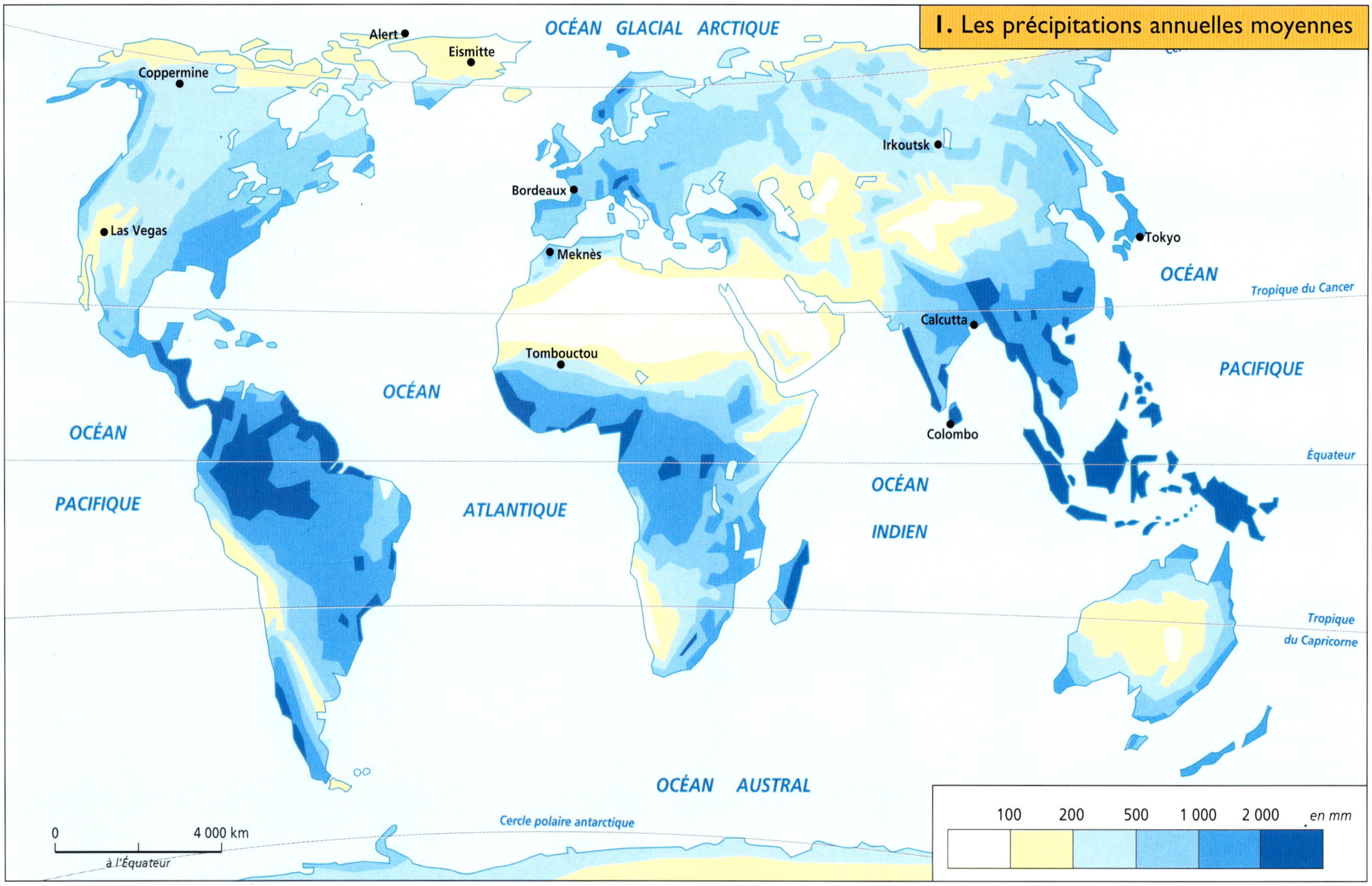

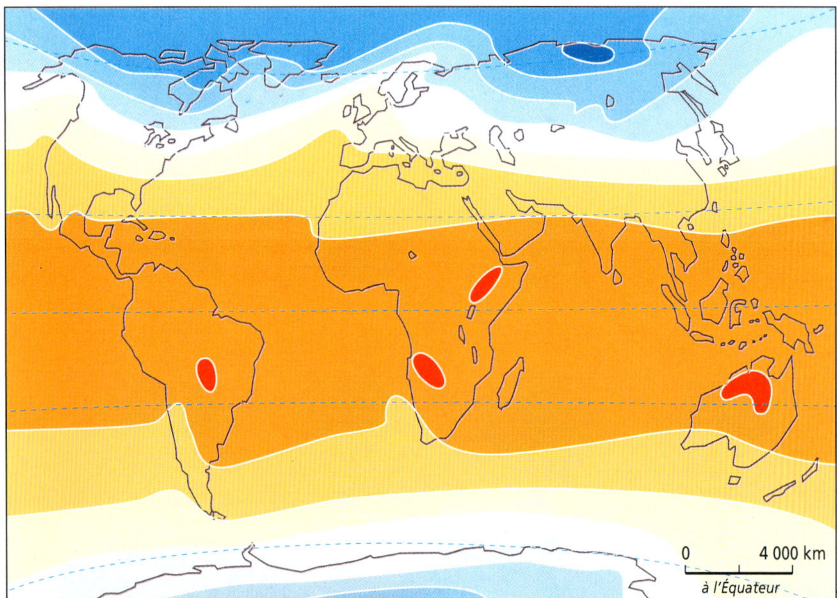

2. Les températures en janvier

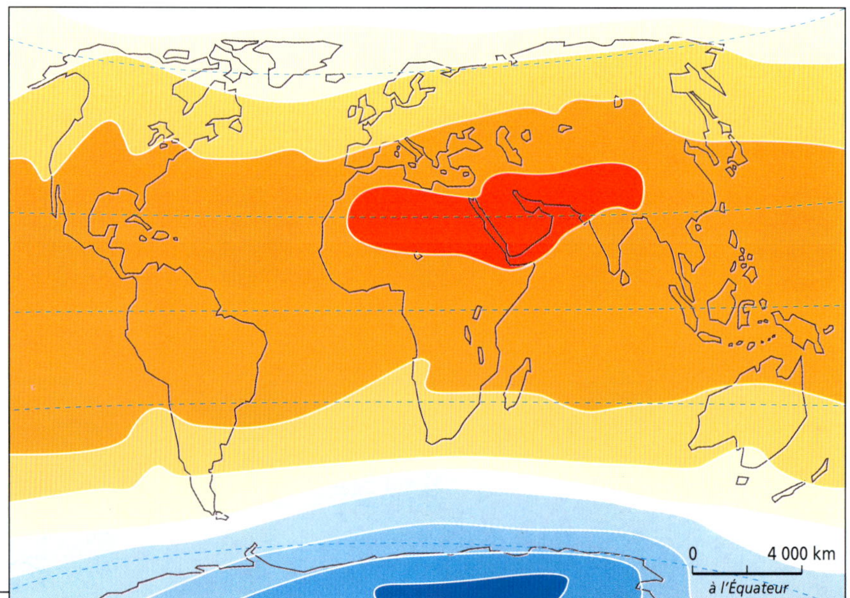

3. Les températures en juillet

Températures moyennes en °C

– 50 – 40 – 30 – 20 – 10 0 10 20 30 40

les températures sur Terre

4. Diagrammes ombrothermiques : températures et précipitations au cours de l'année

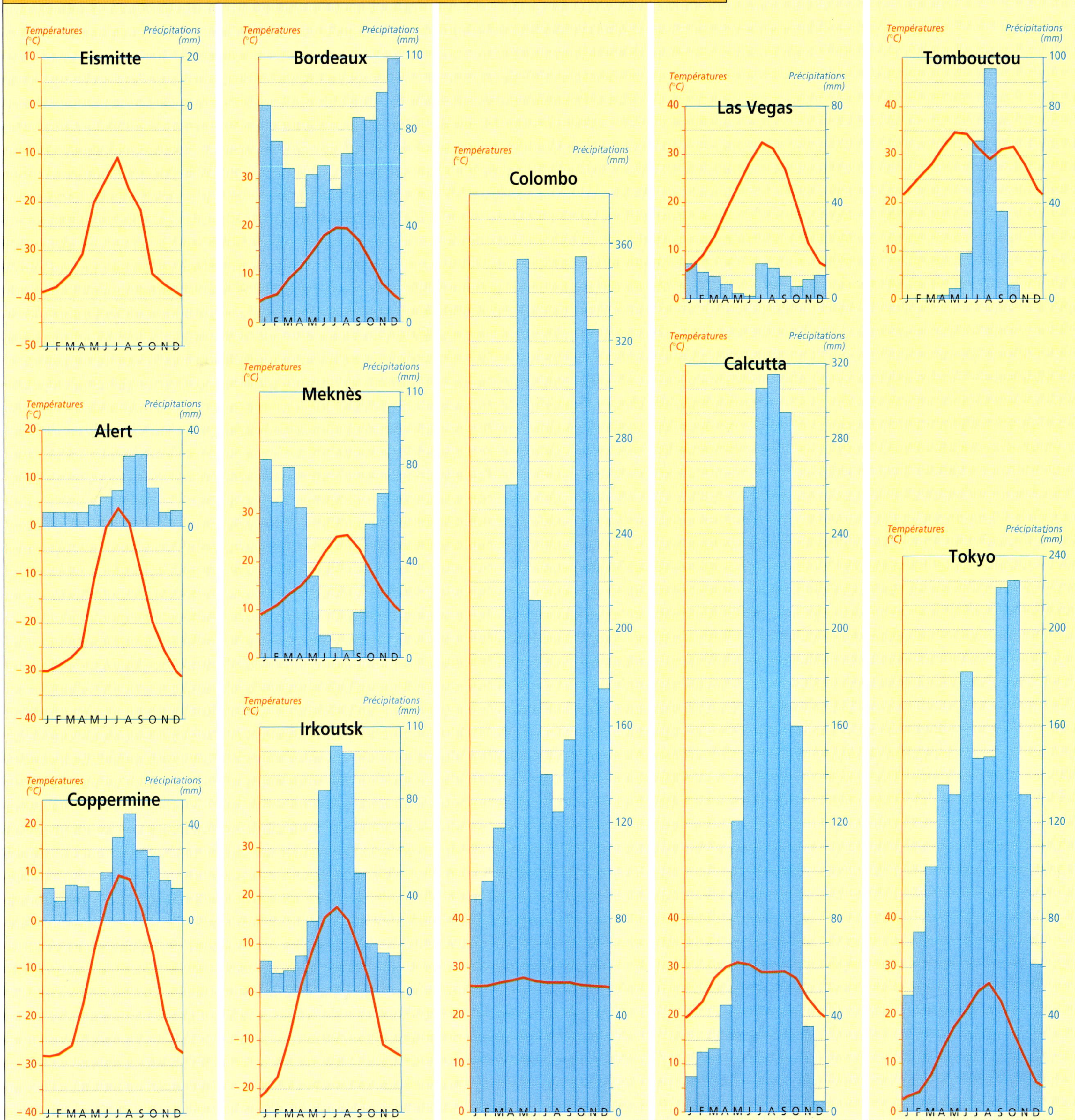

Les formations

végétales

- Forêts denses toujours vertes
- Forêts claires et savanes humides
- Savanes sèches et steppes
- Déserts
- Forêts méditerranéennes
- Forêts de feuillus et forêts mixtes
- Steppes continentales froides
- Taïga
- Toundra
- Végétation de haute montagne
- Calotte glaciaire

Les hommes

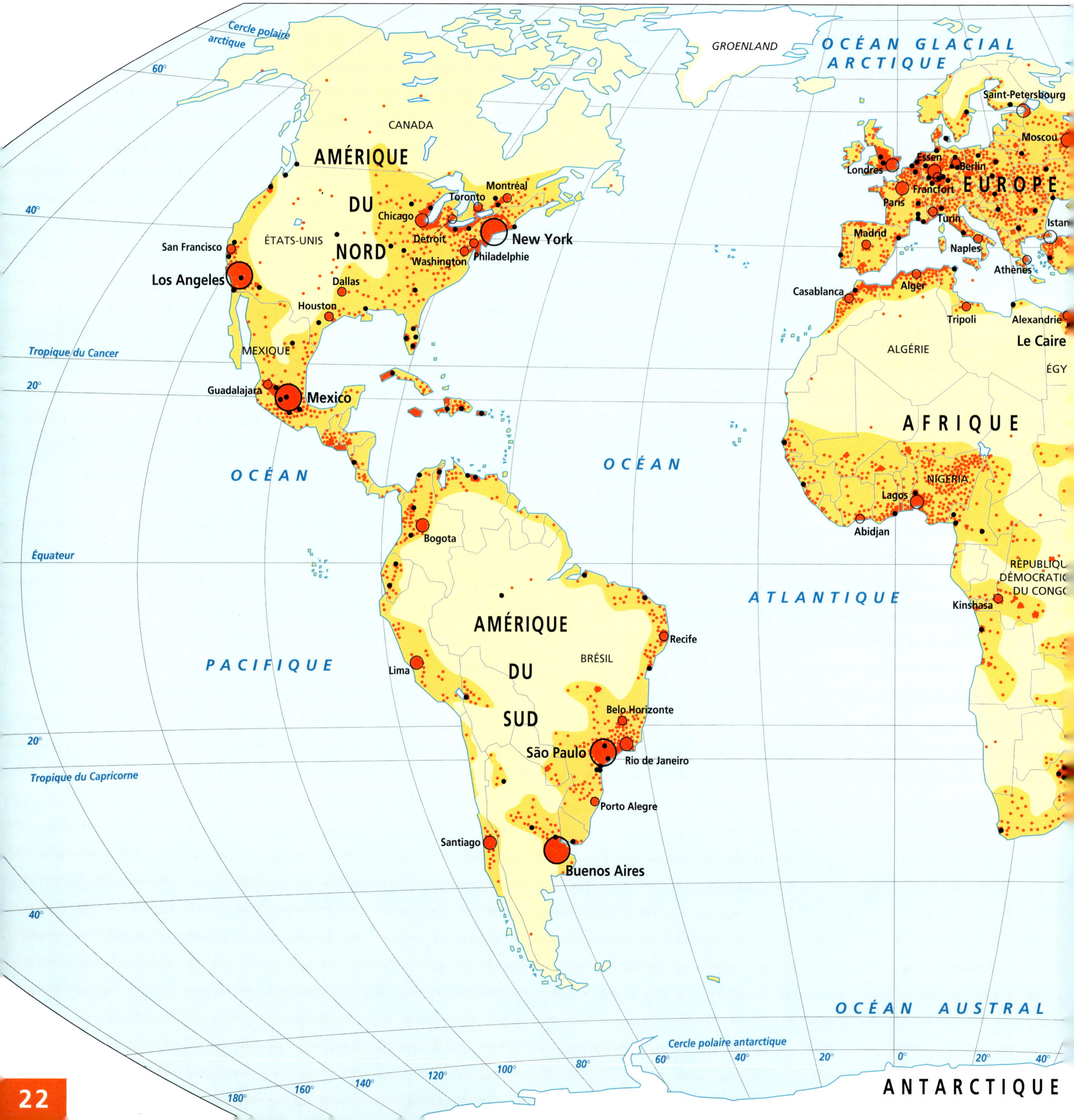

Cercle polaire arctique
60°
GROENLAND
OCÉAN GLACIAL ARCTIQUE
CANADA
AMÉRIQUE DU NORD
ÉTATS-UNIS
Montréal
Toronto
Chicago
Detroit
New York
Philadelphie
Washington
San Francisco
Los Angeles
Dallas
Houston
MEXIQUE
Tropique du Cancer
40°
20°
Guadalajara
Mexico
OCÉAN
PACIFIQUE
OCÉAN
ATLANTIQUE
Équateur
Bogota
AMÉRIQUE DU SUD
BRÉSIL
Recife
Lima
Belo Horizonte
São Paulo
Rio de Janeiro
Tropique du Capricorne
Porto Alegre
Santiago
Buenos Aires
OCÉAN AUSTRAL
Cercle polaire antarctique
ANTARCTIQUE
180°
160°
140°
120°
100°
80°
60°
40°
20°
0°
Saint-Petersbourg
Moscou
Londres
Essen
Berlin
Francfort
Paris
EUROPE
Turin
Madrid
Naples
Athènes
Casablanca
Alger
Tripoli
Alexandrie
Le Caire
ALGÉRIE
AFRIQUE
NIGERIA
Lagos
Abidjan
Kinshasa

sur la Terre

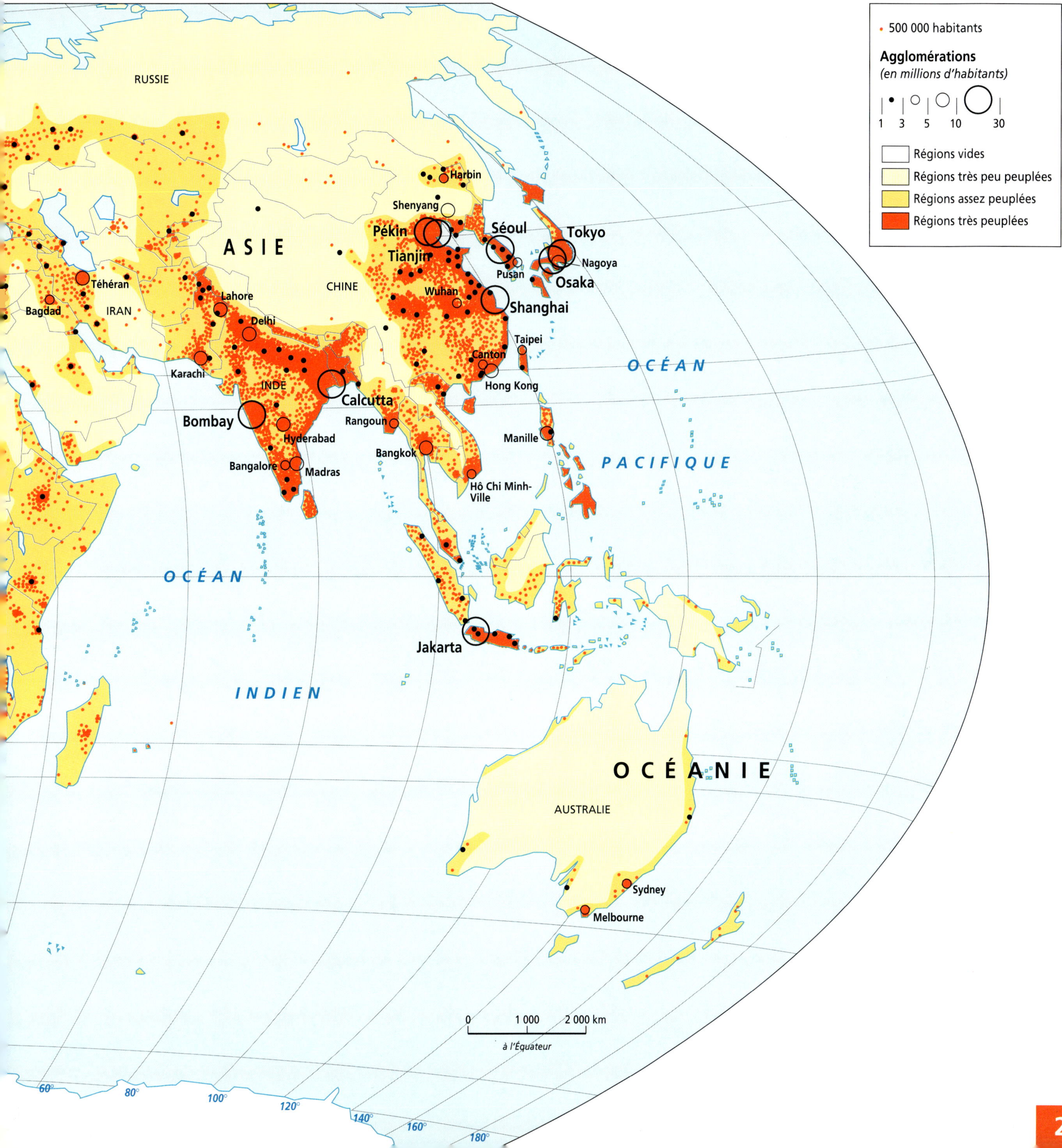

500 000 habitants
Agglomérations
(en millions d'habitants)
1 3 5 10 30
Régions vides
Régions très peu peuplées
Régions assez peuplées
Régions très peuplées
RUSSIE
ASIE
CHINE
IRAN
INDE
Téhéran
Bagdad
Lahore
Delhi
Karachi
Bombay
Hyderabad
Bangalore
Madras
Calcutta
Rangoun
Bangkok
Hô Chi Minh-Ville
Harbin
Shenyang
Pékin
Tianjin
Séoul
Pusan
Tokyo
Nagoya
Osaka
Wuhan
Shanghai
Taipei
Canton
Hong Kong
Manille
Jakarta
OCÉAN PACIFIQUE
OCÉAN INDIEN
OCÉANIE
AUSTRALIE
Sydney
Melbourne
0 1 000 2 000 km
à l'Équateur
60°
80°
100°
120°
140°
160°
180°

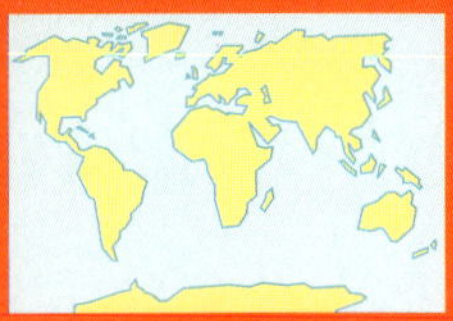

Les États

1. LUXEMBOURG
2. LIECHTENSTEIN (Vaduz)
3. ANDORRE (Andorre-la-Vieille)
4. MONACO
5. RÉP. DE SAINT-MARIN
6. VATICAN
7. SLOVÉNIE
8. CROATIE
9. BOSNIE-HERZÉGOVINE
10. SLOVAQUIE
11. YOUGOSLAVIE
12. MACÉDOINE
Alaska (É.-U.)
CANADA
Ottawa
Groenland (Danemark)
ISLANDE
Reykjavik
Îles Aléoutiennes (É.-U.)
ÉTATS-UNIS
Washington D.C.
Bermudes (R.-U.)
Îles Midway (É.-U.)
Hawaii (É.-U.)
Tropique du Cancer
MEXIQUE
Mexico
La Havane
CUBA
Nassau
BAHAMAS
Îles Turks et Caicos (R.-U.)
HAÏTI
Saint-Domingue
JAMAÏQUE
Kingston
Port-au-Prince
RÉPUBLIQUE DOMINICAINE
Belmopan
BELIZE
GUATEMALA
Guatemala
San Salvador
SALVADOR
HONDURAS
Tegucigalpa
NICARAGUA
Managua
COSTA RICA
San José
Panama
PANAMA
Caracas
VENEZUELA
GUYANA
Georgetown
Paramaribo
SURINAM
Guyane (Fr.)
Bogota
COLOMBIE
Clipperton (Fr.)
Équateur
Îles Galapagos (Éq.)
Quito
ÉQUATEUR
PÉROU
Lima
BRÉSIL
Brasilia
La Paz
BOLIVIE
PARAGUAY
Assomption
Îles Cook (Nlle-Z.)
Polynésie française
Tropique du Capricorne
ARGENTINE
URUGUAY
Montevideo
Buenos Aires
Santiago
CHILI
Îles Falkland (R.-U.)
Terre de Feu
Géorgie du Sud (R.-U.)
Ascension (R.-U.)
Ste-Hélène (R.-U.)
Açores (Port.)
Madère (Port.)
Canaries (Esp.)
NORVÈGE
Oslo
DANEMARK
Copenhague
ROYAUME-UNI
Dublin
IRLANDE
Londres
Amsterdam
PAYS-BAS
ALL.
BELGIQUE
Bruxelles
Luxembourg
Paris
SUISSE
Berne
FRANCE
Corse (Fr.)
ESPAGNE
PORTUGAL
Lisbonne
Madrid
Baléares (Esp.)
Alger
Tunis
TUNISIE
Rabat
MAROC
ALGÉRIE
MAURITANIE
Nouakchott
MALI
Praia
CAP-VERT
SÉNÉGAL
Dakar
GAMBIE
Banjul
Bamako
BURKINA FASO
Niamey
Ouagadougou
Bissau
GUINÉE-BISSAU
GUINÉE
Conakry
Freetown
SIERRA LEONE
Monrovia
LIBERIA
CÔTE D'IVOIRE
Yamoussoukro
TOGO
GHANA
BÉNIN
Lomé
Accra
Porto-Novo
Abuja
Malabo
GUINÉE ÉQUATORIALE
São Tomé
SÃO TOMÉ-ET-PRINCIPE
1
RÉPUBLIQUE DOMINICAINE
Saint-Domingue
Porto-Rico (É.-U.)
Îles Vierges (R.-U., É.-U.)
Anguilla (R.-U.)
Saint-Martin (Fr., P.-B.)
Saint-Barthélémy (Fr.)
ANTIGUA-ET-BARBUDA
Saint John's
Basseterre
SAINT-CHRISTOPHE-ET-NIÉVÈS
Guadeloupe (Fr.)
DOMINIQUE
Roseau
Martinique (Fr.)
SAINTE-LUCIE
Castries
BARBADE
Bridgetown
Kingstown
SAINT-VINCENT-ET-LES-GRENADINES
Saint-Georges
GRENADE
Tobago
Antilles Néerlandaises (P.-B.)
Port d'Espagne
TRINITÉ-ET-TOBAGO
Trinité
Caracas
VENEZUELA

du monde

Terre du Nord (Russie)
Nouvelle-Sibérie (Russie)
Nouvelle-Zemble (Russie)
RUSSIE
Moscou
ESTONIE
LETTONIE
Minsk
Vilnius
BIÉLORUSSIE
Kiev
UKRAINE
MOLDAVIE
Chisinau
Budapest
ROUMANIE
Bucarest
BULGARIE
Belgrade
Sofia
Skopje
GRÈCE
Athènes
Rhodes (Gr.)
Crète (Gr.)
Valette
Akmola
KAZAKHSTAN
Oulan-Bator
MONGOLIE
GÉORGIE
Tbilissi
AZERBAÏDJAN
Bakou
Erevan
ARMÉNIE
Ankara
TURQUIE
OUZBÉKISTAN
Tachkent
Bichkek
KIRGHIZISTAN
TURKMÉNISTAN
Achkhabad
TADJIKISTAN
Douchanbé
Pékin (Beijing)
CORÉE DU NORD
Pyongyang
Séoul
CORÉE DU SUD
JAPON
Tokyo
Sakhaline (Russie)
Kouriles (Russie)
Iles Aléoutiennes (E.U.)
CHINE
Bagdad
IRAK
Téhéran
IRAN
Kaboul
AFGHANISTAN
Islamabad
PAKISTAN
Le Caire
ÉGYPTE
KOWEÏT
Koweït
BAHREÏN
Manama
QATAR
Doha
OMAN
Abou Dabi
ÉMIRATS ARABES-UNIS
Mascate
Riyad
ARABIE SAOUDITE
OMAN
New Delhi
NÉPAL
Katmandou
BHOUTAN
Thimphou
BANGLADESH
Dacca
INDE
Iles Ryu Kyu (Jap.)
Taipei
TAIWAN
MYANMAR (BIRMANIE)
Rangoun
Hanoï
LAOS
Vientiane
THAÏLANDE
Bangkok
VIÊT NAM
CAMBODGE
Phnom-Penh
Manille
PHILIPPINES
Mariannes du Nord (É.-U)
Guam (É.-U.)
ÉRYTHRÉE
Asmara
YÉMEN
Sanaa
Khartoum
SOUDAN
TCHAD
Ndjamena
Djibouti
DJIBOUTI
Addis-Abeba
ÉTHIOPIE
SOMALIE
Mogadiscio
RÉPUBLIQUE CENTRAFRICAINE
Bangui
OUGANDA
Kampala
KENYA
Nairobi
RÉP. DÉMOCRATIQUE DU CONGO
Kinshasa
13
Kigali
14
Bujumbura
Dodoma
TANZANIE
SRI LANKA
Colombo
Iles Laquédives (Inde)
MALDIVES
Malé
BRUNEI
Bandar Seri Begawan
Kuala Lumpur
MALAISIE
SINGAPOUR
Iles Palaos (É.-U.)
ÉTATS FÉDÉRÉS DE MICRONÉSIE
Iles Carolines
ILES MARSHALL
Majuro
Tarawa
KIRIBATI
Victoria
SEYCHELLES
COMORES
Moroni
Sumatra
Bornéo
INDONÉSIE
Jakarta
Java
Iles de la Sonde
Timor
PAPOUASIE-NOUVELLE-GUINÉE
Port Moresby
NAURU
Yaren
TUVALU
Funafuti
ILES SALOMON
Honiara
SAMOA OCCIDENTALES
Apia
Lusaka
ZAMBIE
15
Lilongwe
Harare
ZIMBABWE
MOZAMBIQUE
Antananarivo
MADAGASCAR
MAURICE
Port-Louis
La Réunion (Fr.)
BOTSWANA
Gaborone
Pretoria
Maputo
16
Mbabane
Maseru
17
AFRIQUE DU SUD
VANUATU
Port-Vila
FIDJI
Suva
Wallis et Futuna (Fr.)
TONGA
Nuku'alofa
Nouvelle-Calédonie (Fr.)
AUSTRALIE
Canberra
Tasmanie
Wellington
NOUVELLE-ZÉLANDE
13. RWANDA
14. BURUNDI
15. MALAWI
16. SWAZILAND
17. LESOTHO
0
1 000
2 000 km
à l'Équateur
Antarctique
2
TURQUIE
SYRIE
Nicosie
CHYPRE
LIBAN
Beyrouth
Damas
IRAK
ISRAËL
Tel-Aviv
Amman
PALESTINE
JORDANIE
CISJORDANIE
Le Caire
ÉGYPTE
ARABIE SAOUDITE

Les transports

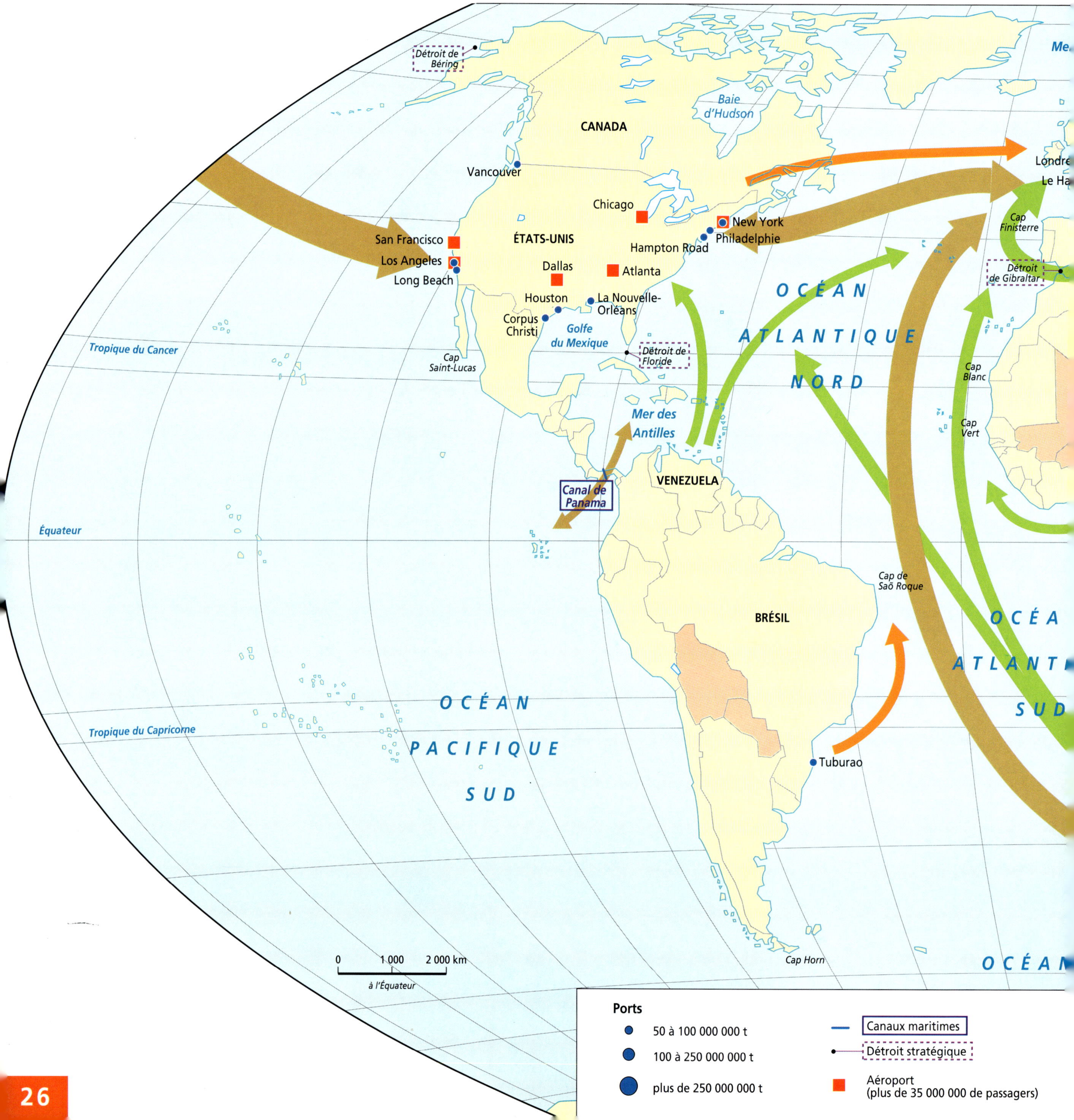

dans le monde

La diversité

1. Les grandes religions

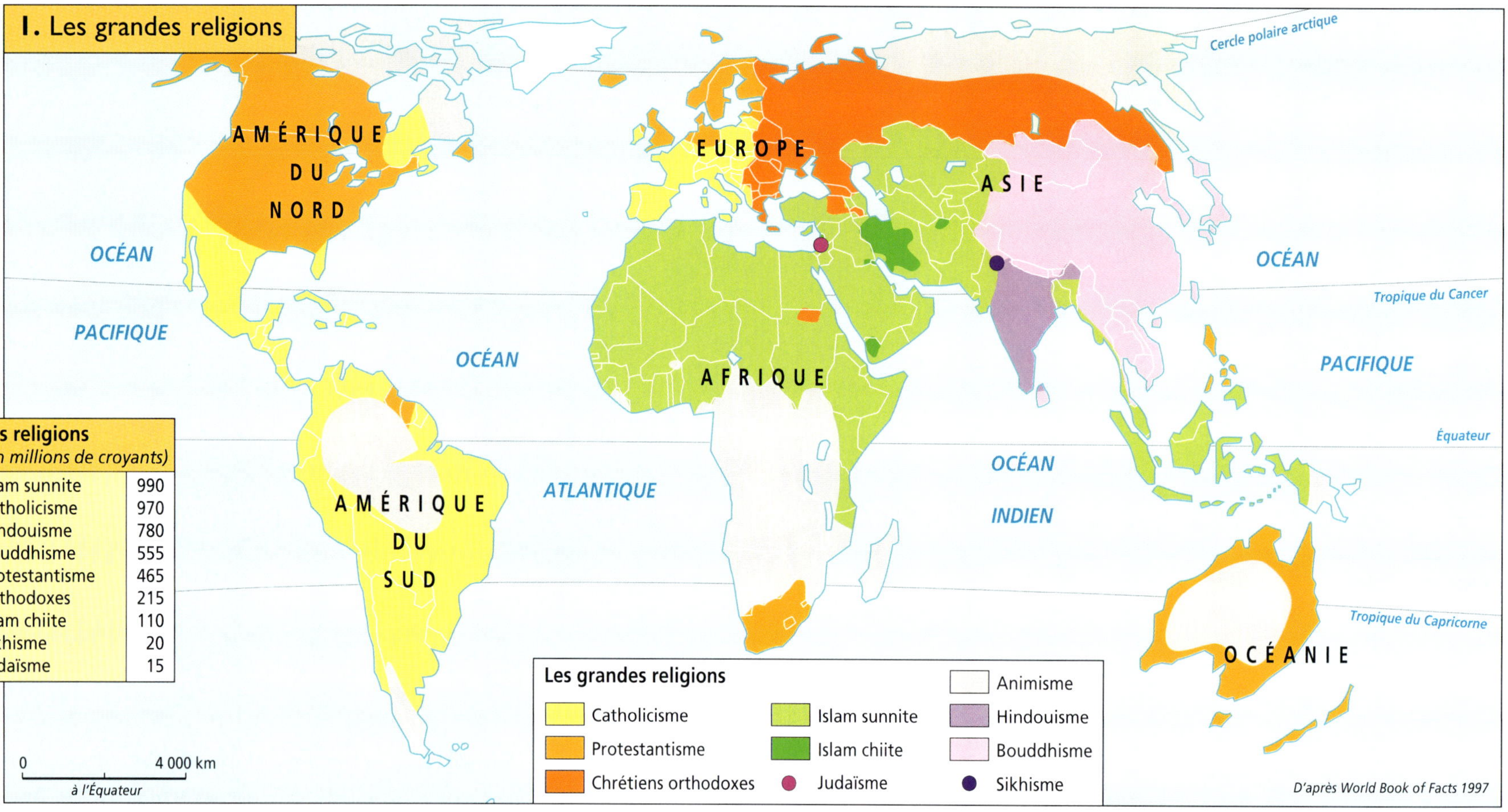

Les religions *(en millions de croyants)*

Islam sunnite	990
Catholicisme	970
Hindouisme	780
Bouddhisme	555
Protestantisme	465
Orthodoxes	215
Islam chiite	110
Sikhisme	20
Judaïsme	15

2. Les langues officielles

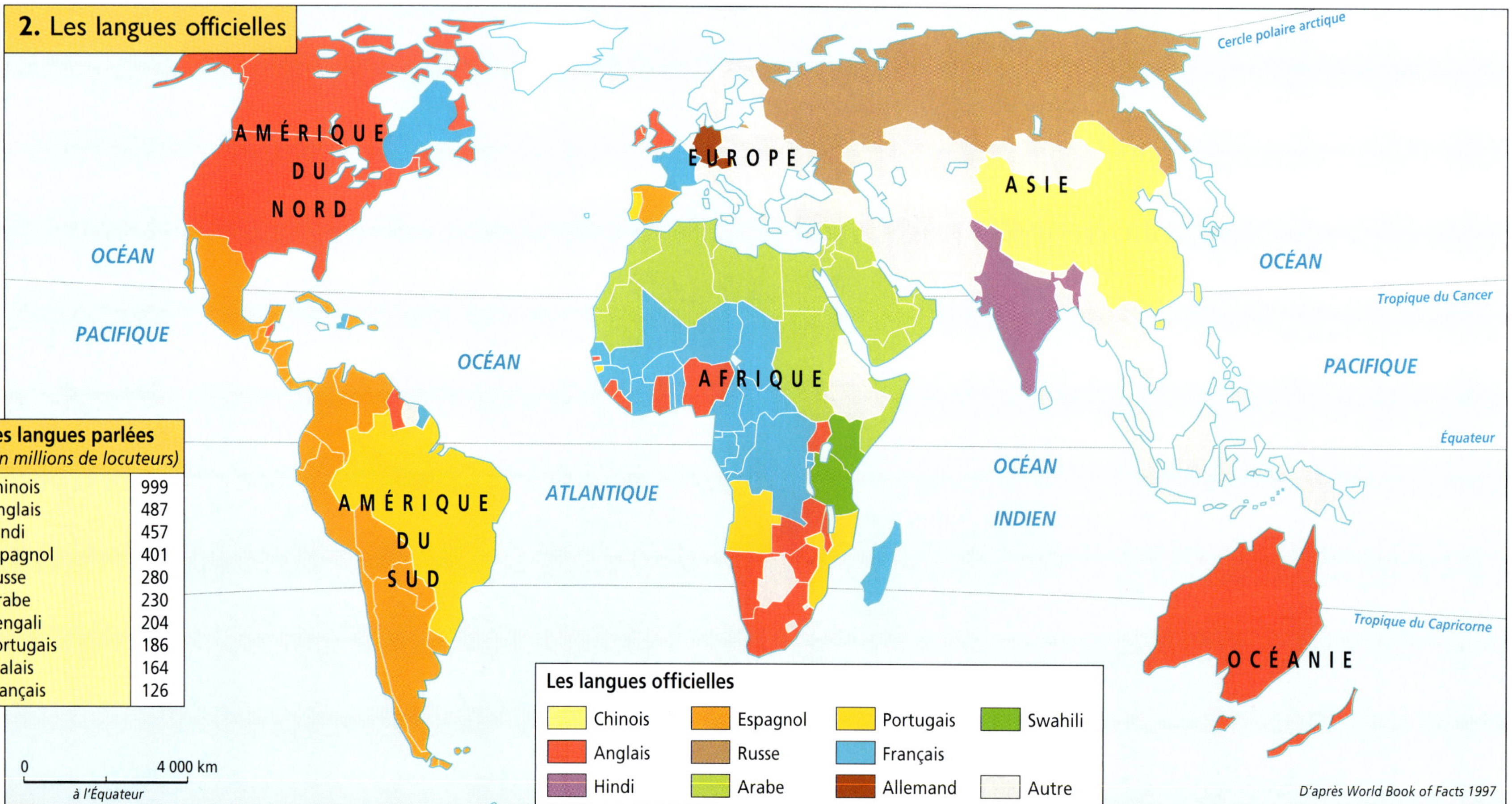

Les langues parlées *(en millions de locuteurs)*

Chinois	999
Anglais	487
Hindi	457
Espagnol	401
Russe	280
Arabe	230
Bengali	204
Portugais	186
Malais	164
Français	126

du monde

3. Les plus nombreux en 1997

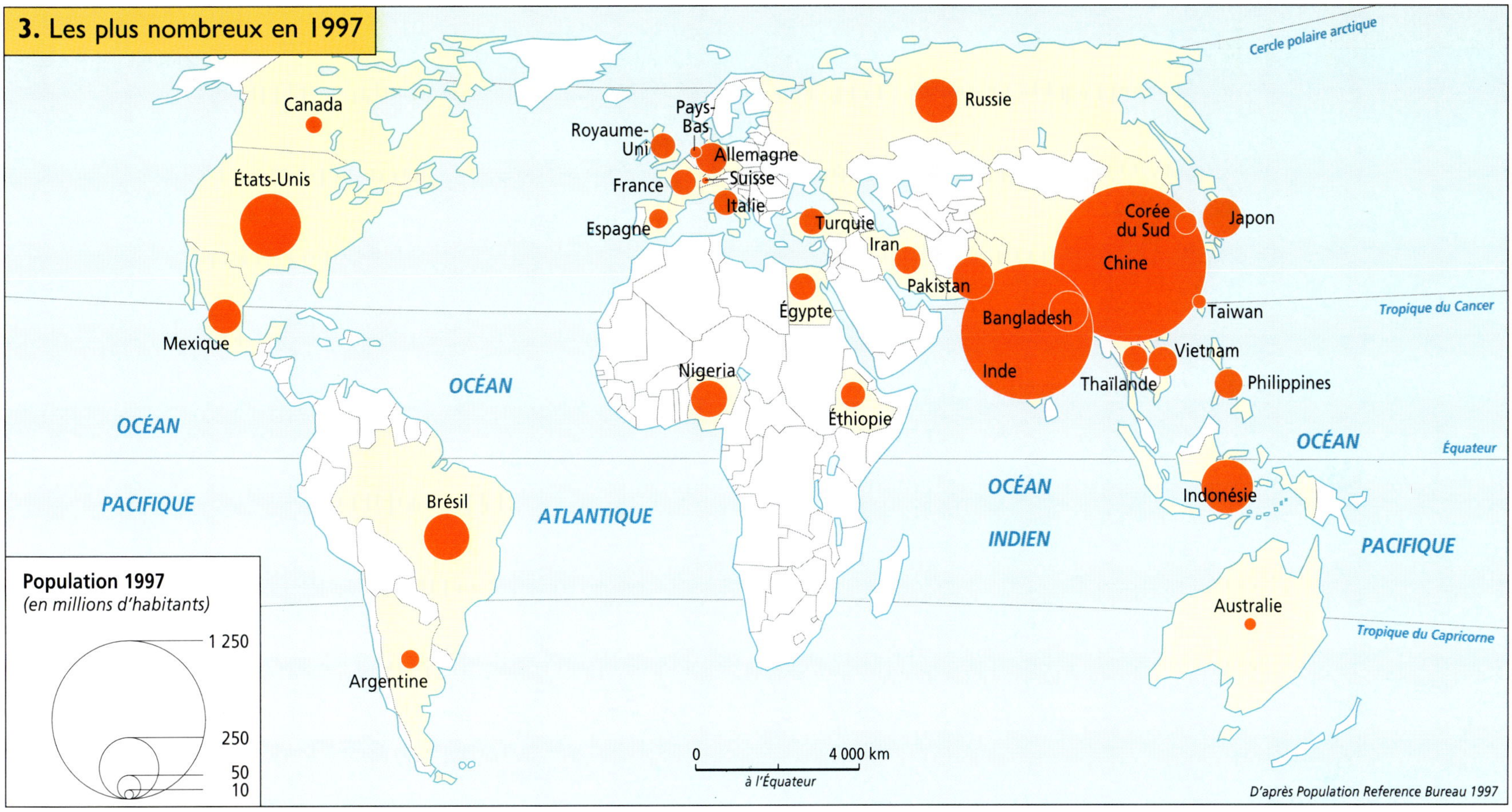

4. Les richesses en 1997

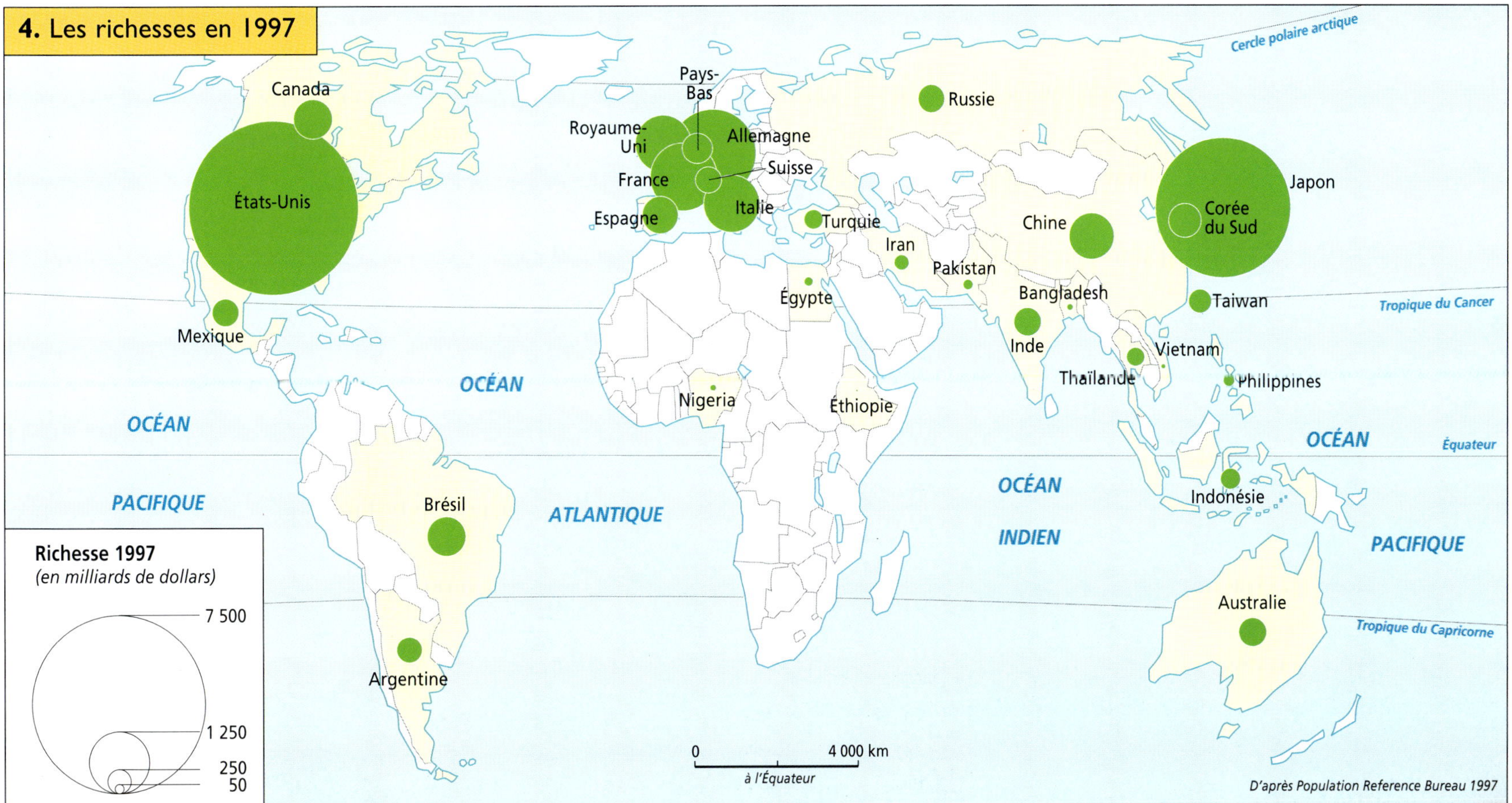

Les céréales

1. Le blé

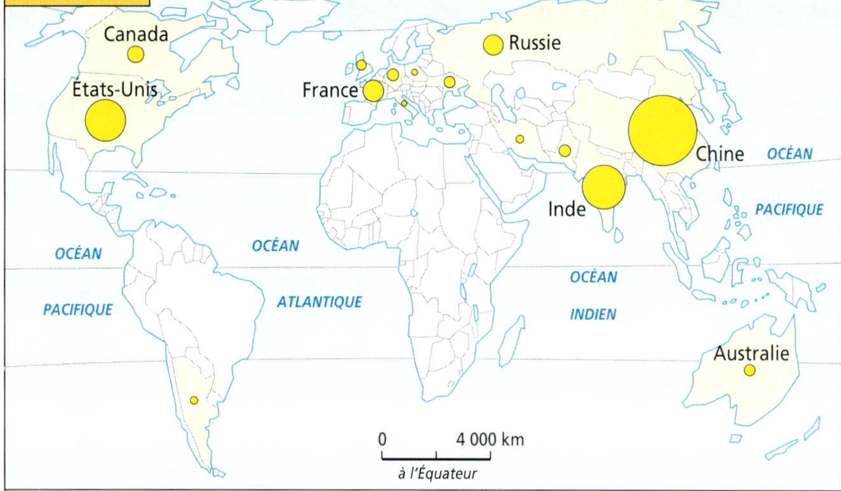

Production de blé
(en millions de tonnes)
100
25
10

Production mondiale en 1995 :
537 681 000 tonnes
(1 mm de diamètre représente 2 % de la production mondiale)

Le blé est la céréale la plus cultivée dans le monde (220 000 000 hectares). La plante s'adapte à des climats et des sols variés mais donne les meilleurs rendements sous climat tempéré. Le commerce mondial porte annuellement sur près de 100 000 000 de tonnes. Le blé est une véritable arme alimentaire.

2. Le riz

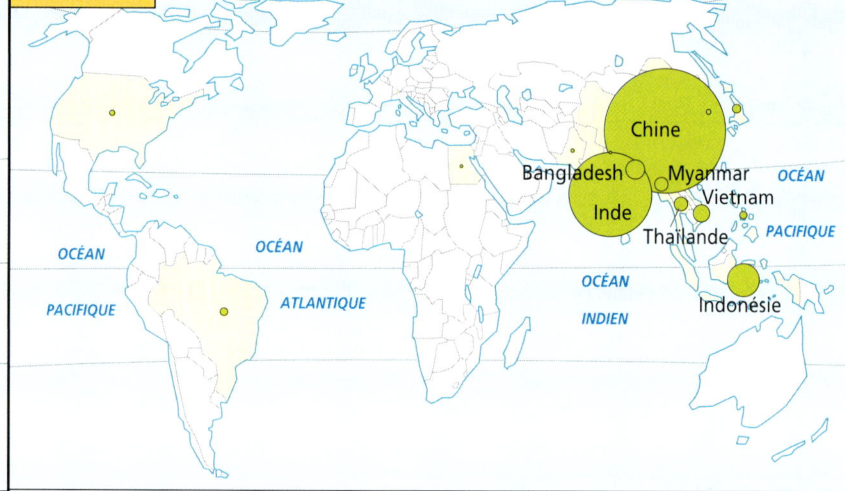

Production de riz
(en millions de tonnes)
175
50
10

Production mondiale en 1995 :
545 822 000 tonnes
(1 mm de diamètre représente 2 % de la production mondiale)

Le riz paddy est cultivé sur 150 000 000 d'hectares. Dans de bonnes conditions et grâce à l'irrigation, les rendements peuvent dépasser les 100 quintaux à l'hectare et 3 récoltes par an. Céréale noble, uniquement destinée à l'alimentation humaine, le riz est la nourriture de base pour plus du tiers de l'humanité.

3. Le maïs

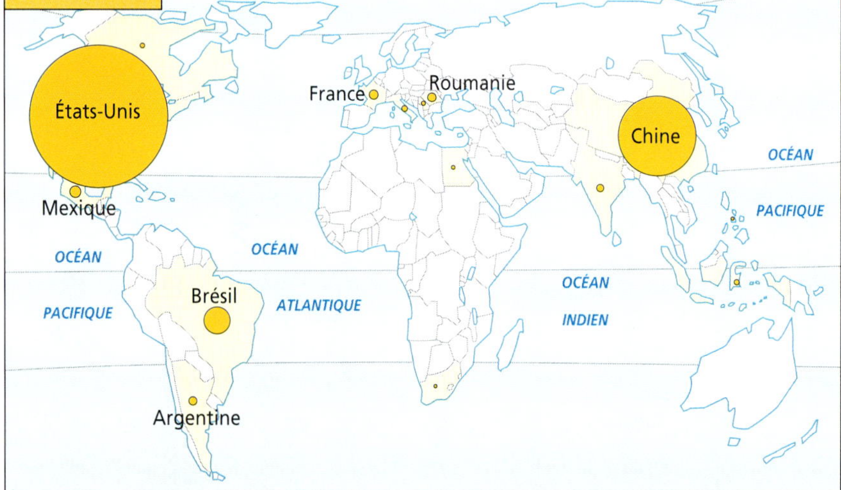

Production de maïs
(en millions de tonnes)
175
50
10

Production mondiale en 1995 :
505 978 000 tonnes
(1 mm de diamètre représente 2 % de la production mondiale)

Cultivé sur 135 000 000 d'hectares, le maïs a besoin de chaleur et d'eau. Cette céréale est surtout utilisée pour l'alimentation du bétail comme le porc et la volaille. Sa part dans l'alimentation humaine est importante en Amérique centrale où la plante fut domestiquée il y a 7 000 ans.

4. L'orge

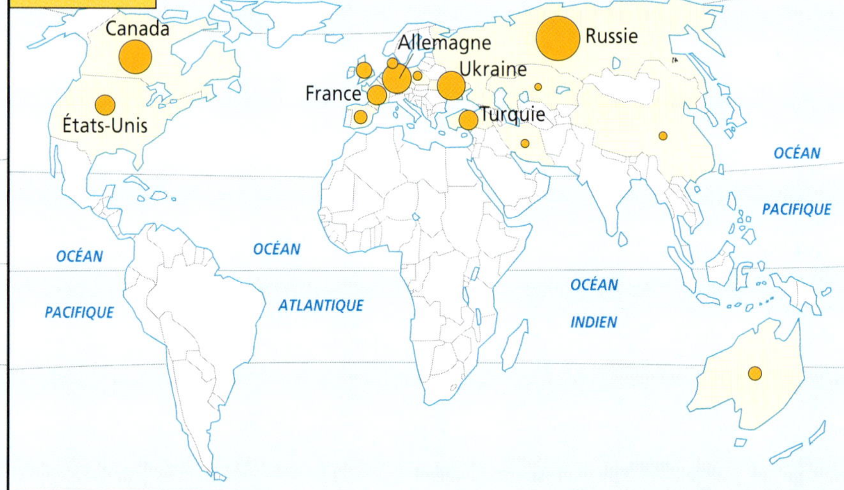

Production d'orge
(en millions de tonnes)
20
10
2,5

Production mondiale en 1995 :
144 572 000 tonnes
(1 mm de diamètre représente 2 % de la production mondiale)

Céréale secondaire, l'orge est cultivée sur 70 000 000 d'hectares. La plante exige beaucoup d'eau et donne de bons rendements avec des étés chauds. Sa part dans l'alimentation humaine est très faible. L'orge sert comme aliment du bétail. Germée, elle sert pour fabriquer la bière et le whisky.

Les boissons

1. Le cacao

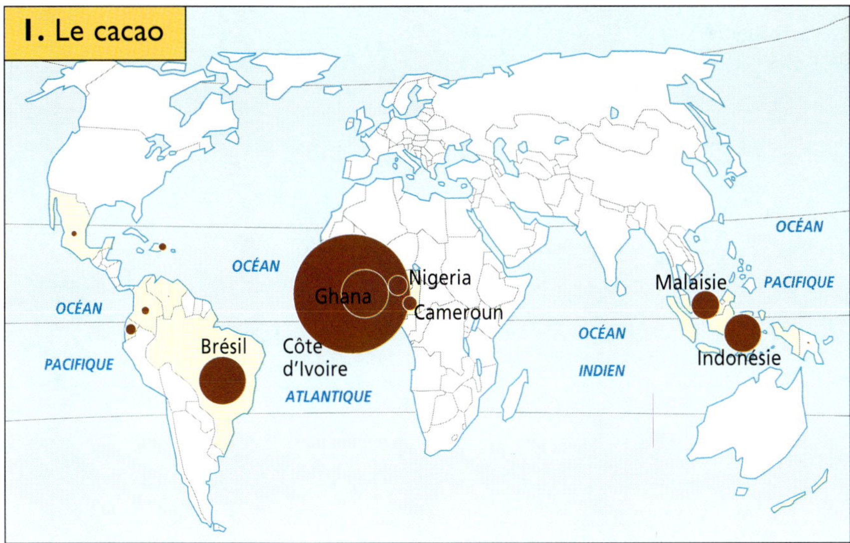

Production de cacao
(en milliers de tonnes)
750
150
25

Production mondiale en 1995 :
2 543 000 tonnes
(1 mm de diamètre représente 2 % de la production mondiale)

Le cacaoyer, qui donne la « boisson des Dieux » des Aztèques, est un arbre de 10 m de haut. Il produit des cabosses dont on extrait les fèves qui donneront le cacao. Le cacaoyer est cultivé sur 5 600 000 hectares. Originaire d'Amérique, l'arbre est surtout cultivé en Afrique depuis son introduction par les colonisateurs européens.

2. Le café

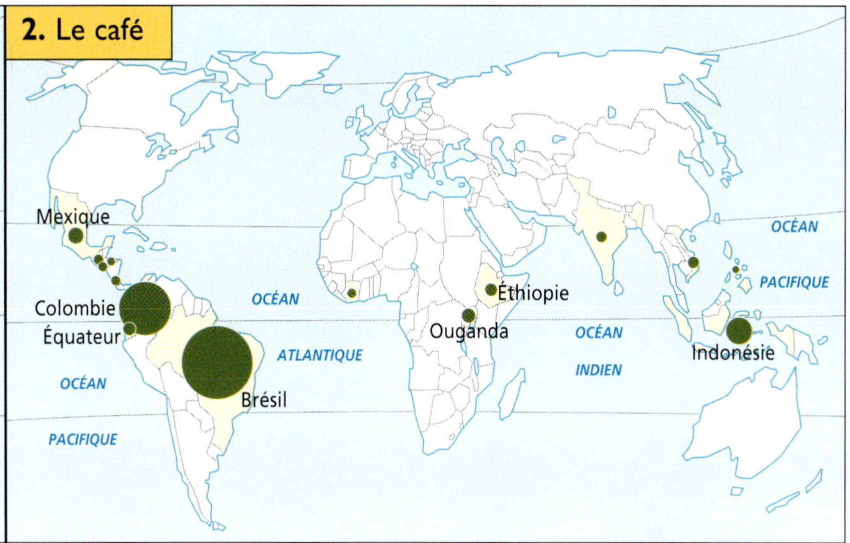

Production de café
(en milliers de tonnes)
1 000
250
50

Production mondiale en 1995 :
5 442 000 tonnes
(1 mm de diamètre représente 2 % de la production mondiale)

Le caféier est originaire des hauts plateaux d'Éthiopie. L'arbuste demande de la chaleur et beaucoup d'eau. Il produit des cerises qui contiennent chacune deux grains de café. Le caféier est aujourd'hui cultivé sur 10 500 000 hectares, surtout en Amérique du Sud et en Asie du Sud-Est.

3. Le thé

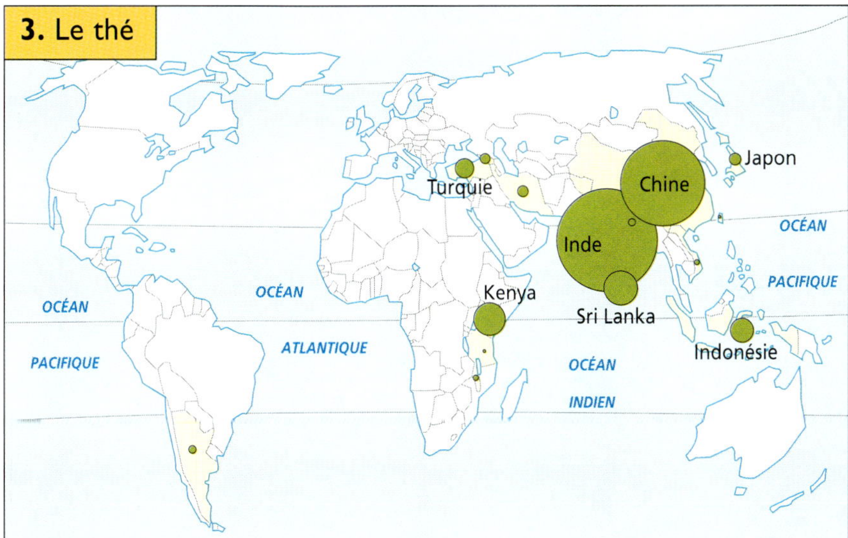

Production de thé
(en milliers de tonnes)
750
150
25

Production mondiale en 1995 :
2 653 000 tonnes
(1 mm de diamètre représente 2 % de la production mondiale)

Le théier est cultivé depuis près de 5 000 ans en Assam (Inde) et en Chine. L'arbuste, dont on récolte les jeunes feuilles, a besoin de chaleur et de pluies régulières toute l'année. Il est cultivé sur 2 250 000 hectares, surtout en Asie.

4. Le vin

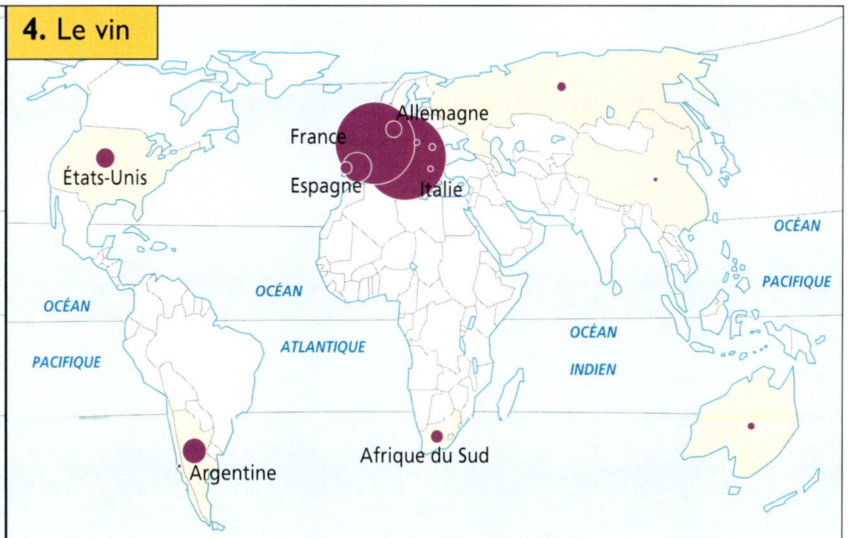

Production de vin
(en millions d'hectolitres)
50
10
2,5

Production mondiale en 1995 :
256 050 000 hectolitres
(1 mm de diamètre représente 2 % de la production mondiale)

Le vin est produit à partir du jus de raisin fermenté. Originaire d'Asie centrale, la vigne préfère un climat sec avec des étés chauds. Introduite en Méditerranée par les Phéniciens puis en Europe par les Romains, elle est aujourd'hui plantée sur plus de 5 000 000 d'hectares. Les plus grands vignobles du monde sont en France et en Espagne.

Autres cultures

1. Les arachides

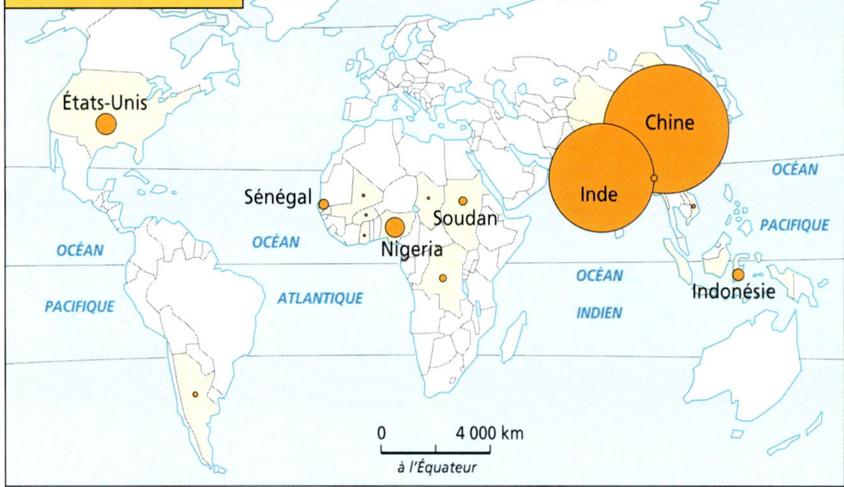

Production d'arachides
(en milliers de tonnes)

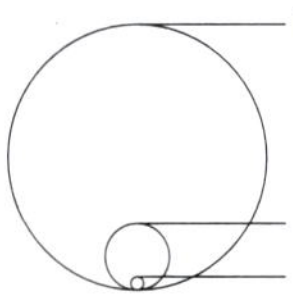

Production mondiale en 1995 :
28 408 000 tonnes
(1 mm de diamètre représente 2 % de la production mondiale)

L'arachide est une plante originaire d'Amérique du Sud. C'est en Asie qu'elle est aujourd'hui la plus cultivée. Elle demande des pluies modérées. Les gousses souterraines contiennent les cacahuètes. À partir d'elles, on fabrique du beurre, on extrait de l'huile et des matières grasses qui servent à l'alimentation humaine et animale.

2. Le soja

Production de soja
(en milliers de tonnes)

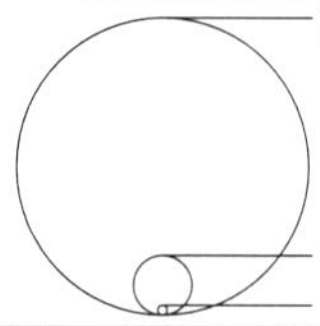

Production mondiale en 1995 :
126 957 000 tonnes
(1 mm de diamètre représente 2 % de la production mondiale)

Le soja est originaire de Chine. Il est cultivé sur 62 000 000 d'hectares dans le monde. Ses graines donnent de l'huile mais aussi des protéines dont on se sert de plus en plus pour nourrir le bétail dans les élevages industriels. Les protéines de soja servent également à fabriquer de la viande reconstituée.

3. Le sucre

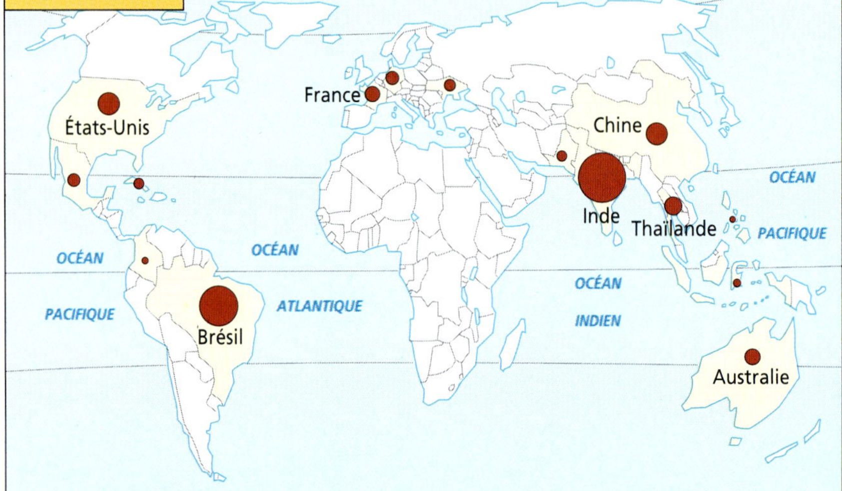

Production de sucre
(en milliers de tonnes)

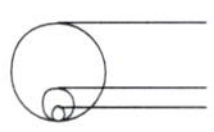

Production mondiale en 1995 :
116 127 000 tonnes
(1 mm de diamètre représente 2 % de la production mondiale)

Le sucre est extrait principalement de deux plantes. La betterave sucrière s'accommode des climats tempérés. La canne à sucre est originaire de l'Inde, elle a besoin de chaleur et d'eau. Espagnols, Portugais et Français l'ont introduite dans leurs possessions coloniales des Antilles et d'Amérique. La canne à sucre procure 70 % du sucre mondial.

4. Le coton

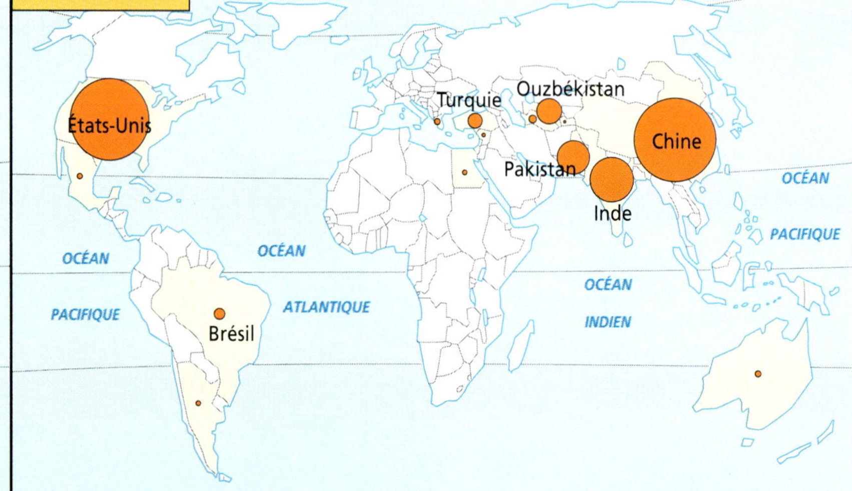

Production de coton
(en milliers de tonnes)

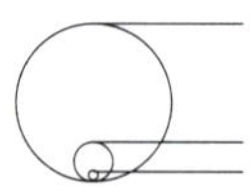

Production mondiale en 1995 :
19 159 000 tonnes
(1 mm de diamètre représente 2 % de la production mondiale)

Le cotonnier est cultivé sur 34 000 000 d'hectares dans le monde. Ses graines produisent des fibres qui sont ensuite égrainées, filées et tissées. L'arbuste est très sensible au froid et exige de grosses chaleurs après la floraison. Le cotonnier est souvent cultivé dans les régions semi-arides avec d'importants apports d'eau par irrigation.

L'élevage et la pêche

5. Les bovins

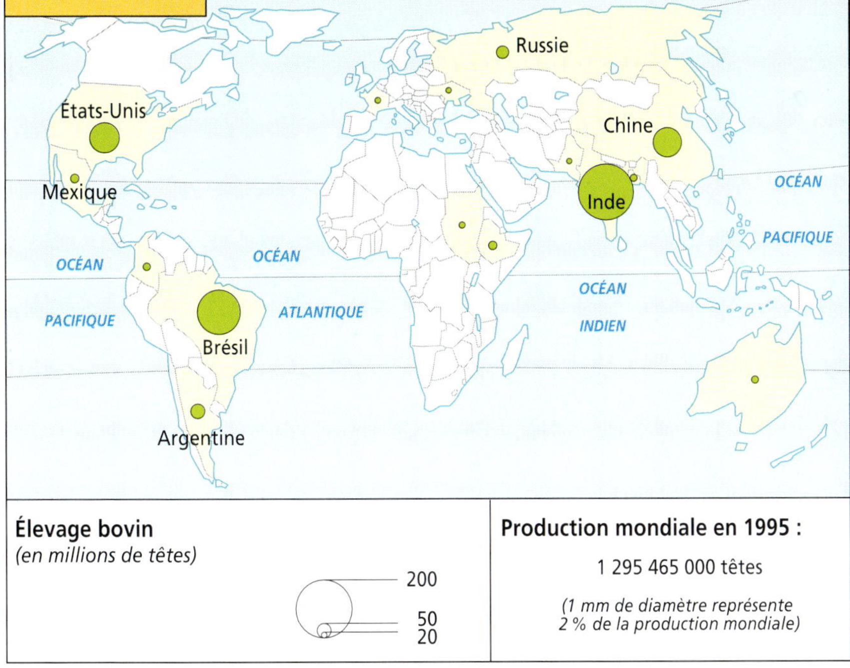

Les bovins sont élevés sur tous les continents. C'est l'Inde qui est le premier producteur mondial. Ils servent à la fois pour la viande et pour le lait dont on tire beurre et fromage. Les conditions d'élevage sont très variables : élevage extensif sur des prairies naturelles ou élevage industriel en batterie avec alimentation artificielle.

6. Les ovins

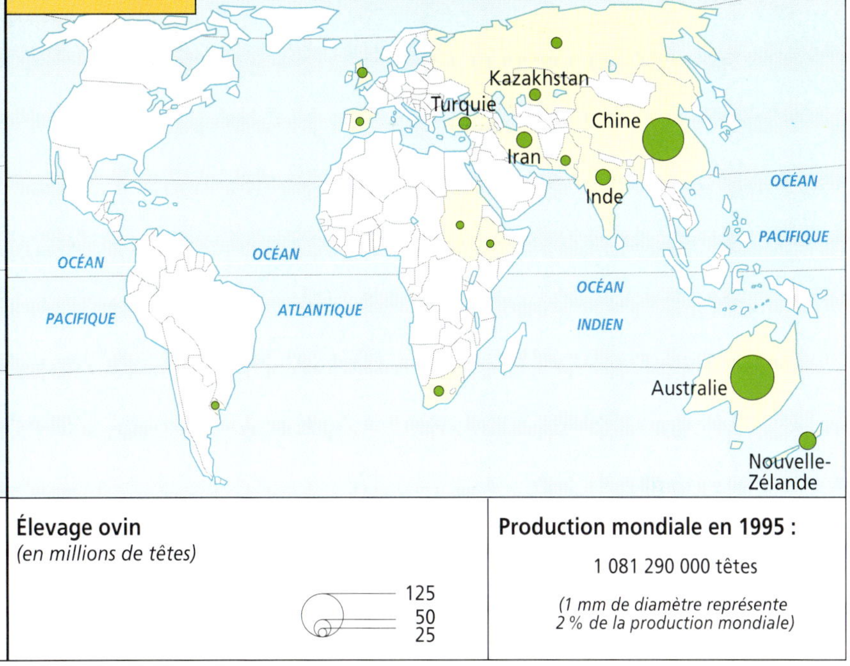

Les ovins regroupent les moutons, les brebis et les agneaux. Les animaux servent pour la viande, le lait (pour la fabrication des fromages) et la laine. La toison d'un bélier australien peut fournir jusqu'à 4 kg de laine. En Australie, on compte sept fois plus de moutons que d'habitants.

7. Les porcins

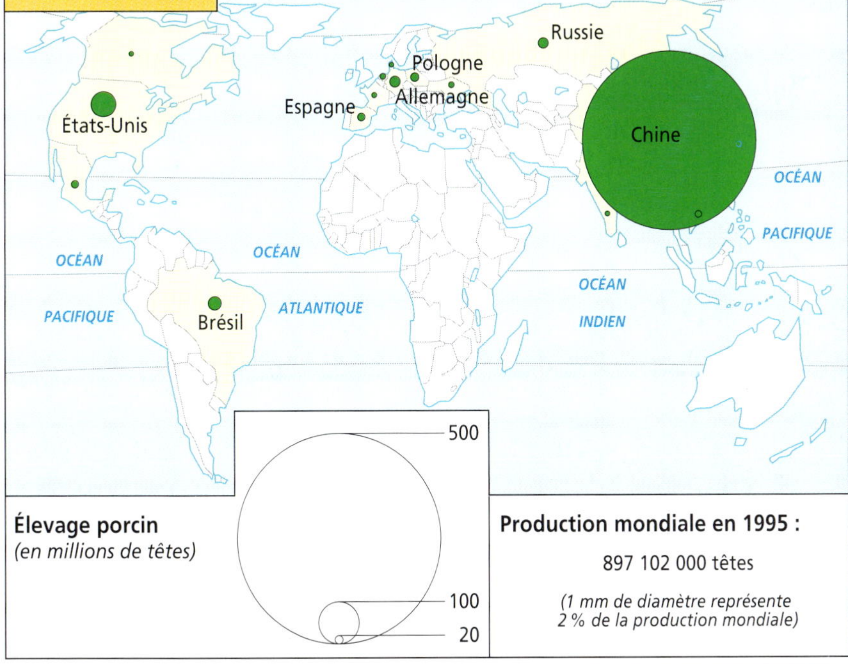

Le porc est facile à élever. Il grossit rapidement en se nourrissant de céréales ou de farines industrielles à base de protéines de soja. Le porcelet pèse moins de 2 kg à la naissance et près de 100 kg à l'âge de six mois. C'est la première viande consommée dans le monde devant la viande bovine et les volailles.

8. La pêche

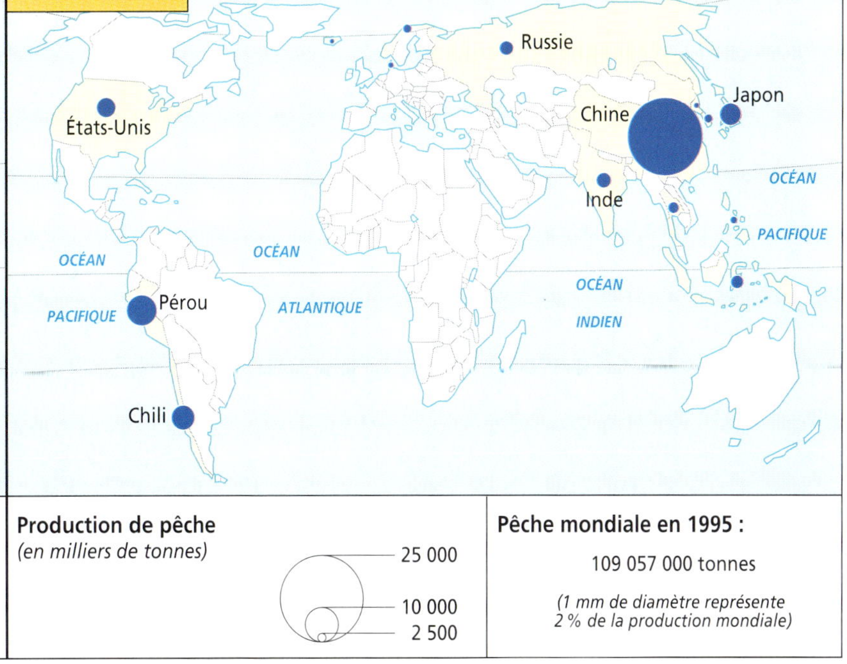

Les produits de la mer ne servent pas qu'à l'alimentation humaine. Près de 40 % des prises mondiales sont transformées en farines qui sont consommées par le bétail. La surexploitation des océans met en péril de nombreuses espèces.

Les matières premières

1. Le fer

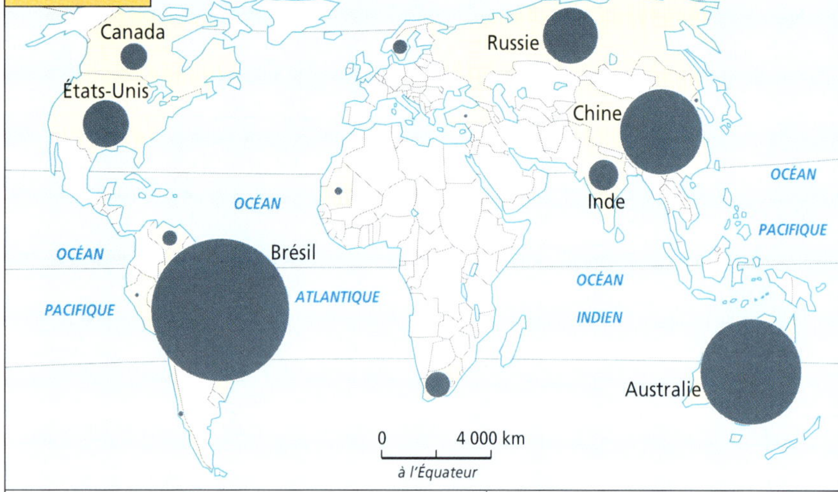

Production de fer
(en milliers de tonnes)

100 000
40 000
15 000

Production mondiale en 1995 :

614 000 000 tonnes

(1 mm de diamètre représente 1 % de la production mondiale)

Le minerai de fer est fréquent sur Terre. Seuls les gisements les plus faciles à mettre en production sont exploités comme les mines à ciel ouvert du Brésil ou d'Australie. Les autres mines ont souvent été abandonnées. Ainsi, la France produit aujourd'hui vingt fois moins de fer qu'il y a trente ans.

2. L'acier

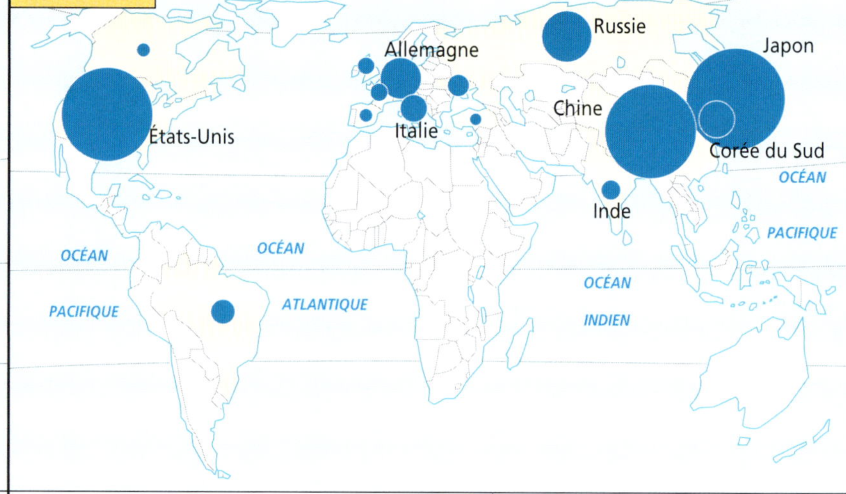

Production d'acier
(en milliers de tonnes)

100 000
40 000
15 000

Production mondiale en 1995 :

749 200 000 tonnes

(1 mm de diamètre représente 1 % de la production mondiale)

Depuis plus de 3 000 ans, les hommes transforment le minerai de fer pour fabriquer de l'acier. La production actuelle d'acier est dominée par les pays industrialisés comme les États-Unis, le Japon ou les pays de l'Union européenne. Le minerai de fer est produit au "Sud" et l'acier au "Nord".

3. Le cuivre

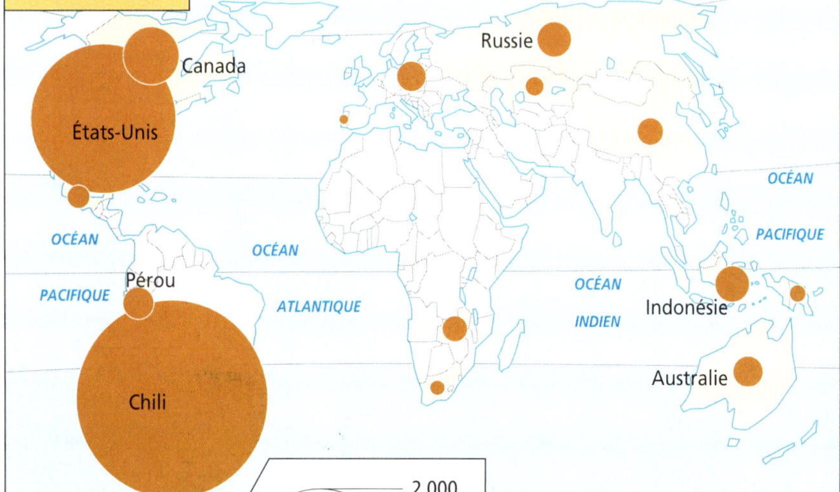

Production de cuivre
(en milliers de tonnes)

2 000
750
250

Production mondiale en 1995 :

9 437 500 tonnes

(1 mm de diamètre représente 1 % de la production mondiale)

Le « métal rouge » sert dans les industries de la construction électrique, du bâtiment et de la mécanique. Il est exploité dans de gigantesques mines à ciel ouvert que l'on trouve dans les Andes (Chili) ou dans les Montagnes Rocheuses (États-Unis).

4. L'aluminium

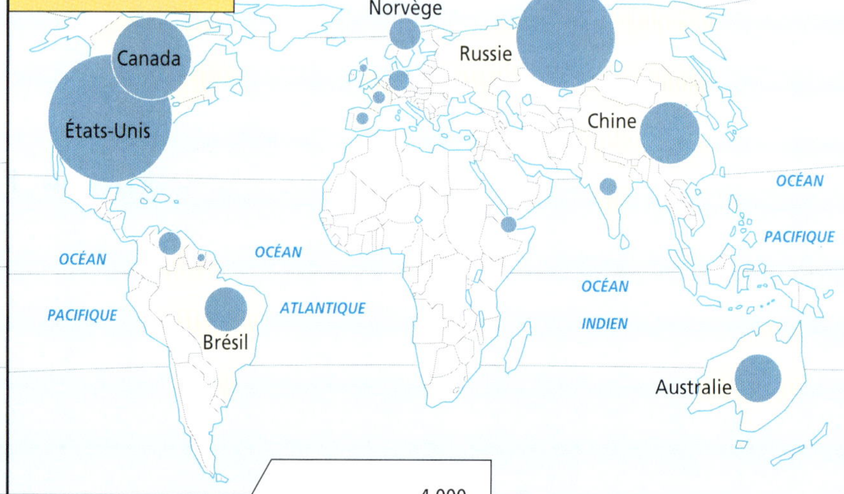

Production d'aluminium
(en milliers de tonnes)

4 000
1 000
250

Production mondiale en 1995 :

19 719 000 tonnes

(1 mm de diamètre représente 1 % de la production mondiale)

L'aluminium est fabriqué à partir du minerai de bauxite. Il faut 5 tonnes de bauxite pour produire 1 tonne d'aluminium. Très léger, l'aluminium remplace de plus en plus l'acier dans les industries des transports ou de l'emballage.

5. L'or

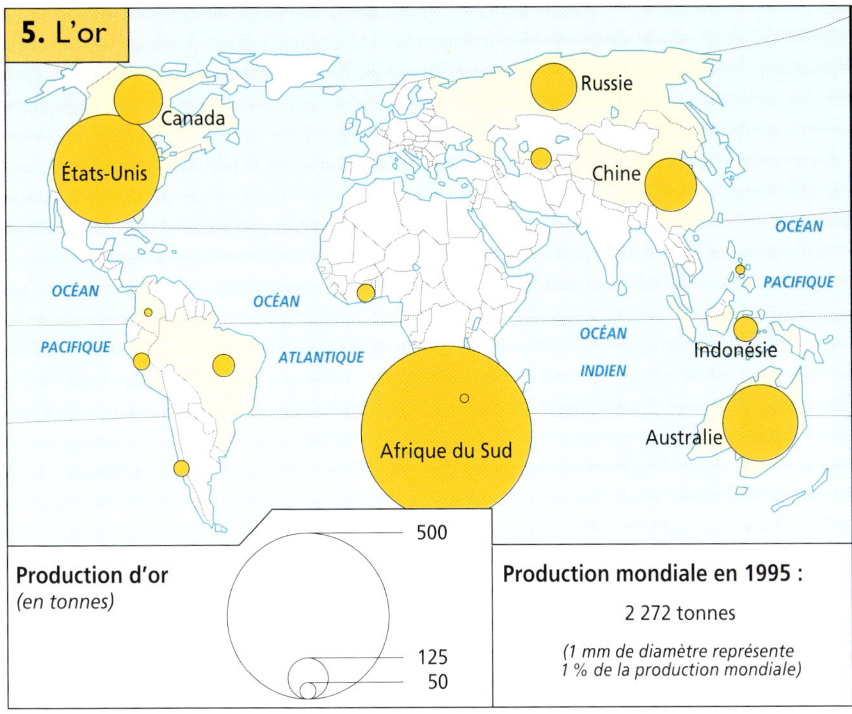

Depuis la Préhistoire, 130 000 tonnes de métal jaune seulement ont été extraites, dont 100 000 tonnes pour le seul XXe siècle. À elles seules, les mines sud-africaines fournissent le quart de l'or mondial. L'or est utilisé pour la bijouterie, la fabrication des monnaies mais aussi dans l'industrie électronique.

6. L'argent

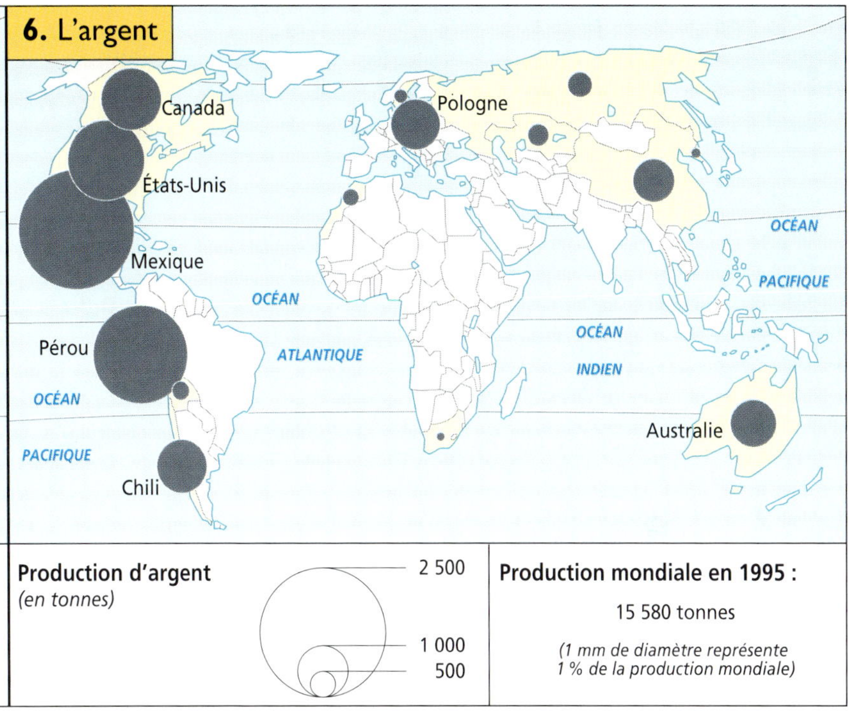

Le minerai a souvent une teneur très pauvre. La production est concentrée en Amérique du Sud, en Amérique Centrale et en Amérique du Nord. L'argent sert aux industries photographiques et électriques et, bien sûr, à la fabrication de bijoux.

7. Le nickel

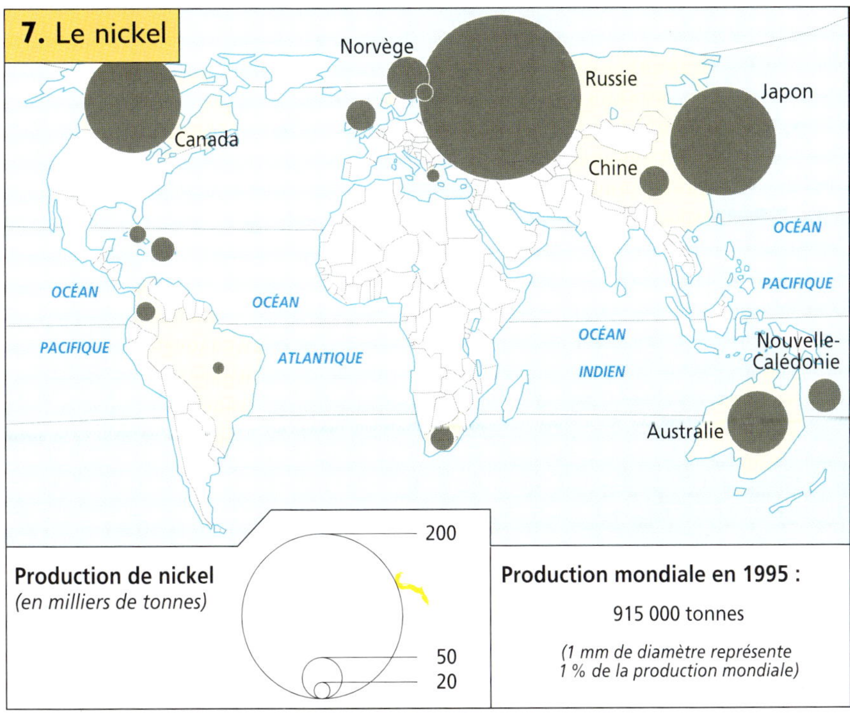

Dans l'Antiquité, le nickel était utilisé pour confectionner des armes. Aujourd'hui, il sert pour fabriquer des alliages spéciaux et des aciers inoxydables. On l'utilise aussi dans la fabrication des pièces de monnaies.

8. Le cobalt et le chrome

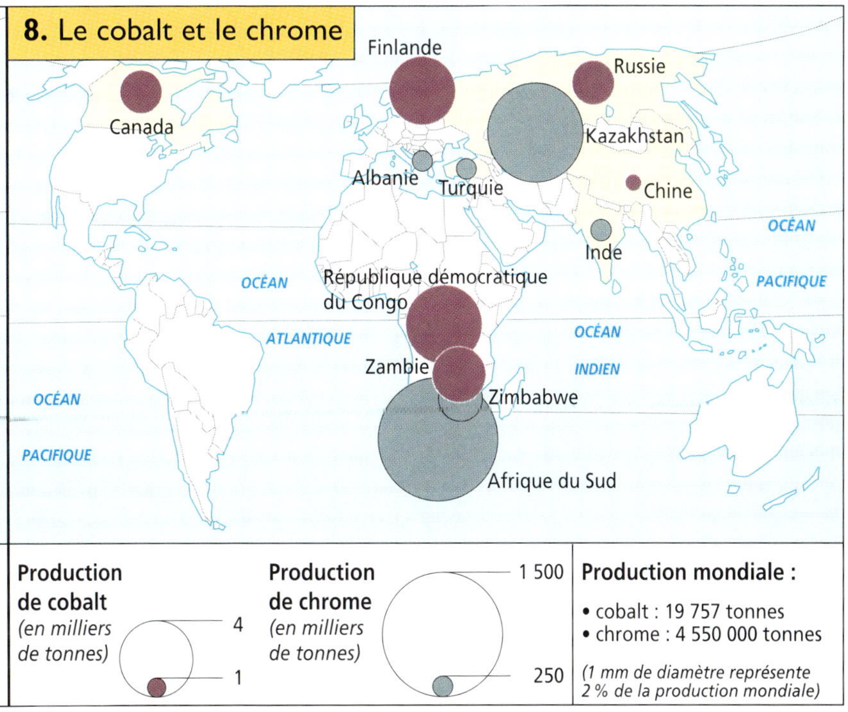

Cobalt et chrome sont des métaux « stratégiques ». Ils servent à fabriquer des aciers spéciaux résistants aux très hautes températures. Ces aciers sont utilisés dans les industries aérospatiales (moteurs d'avion), nucléaires et de l'armement (missiles).

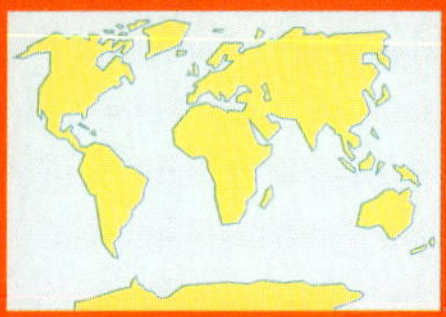

Les sources d'énergie

1. Le pétrole

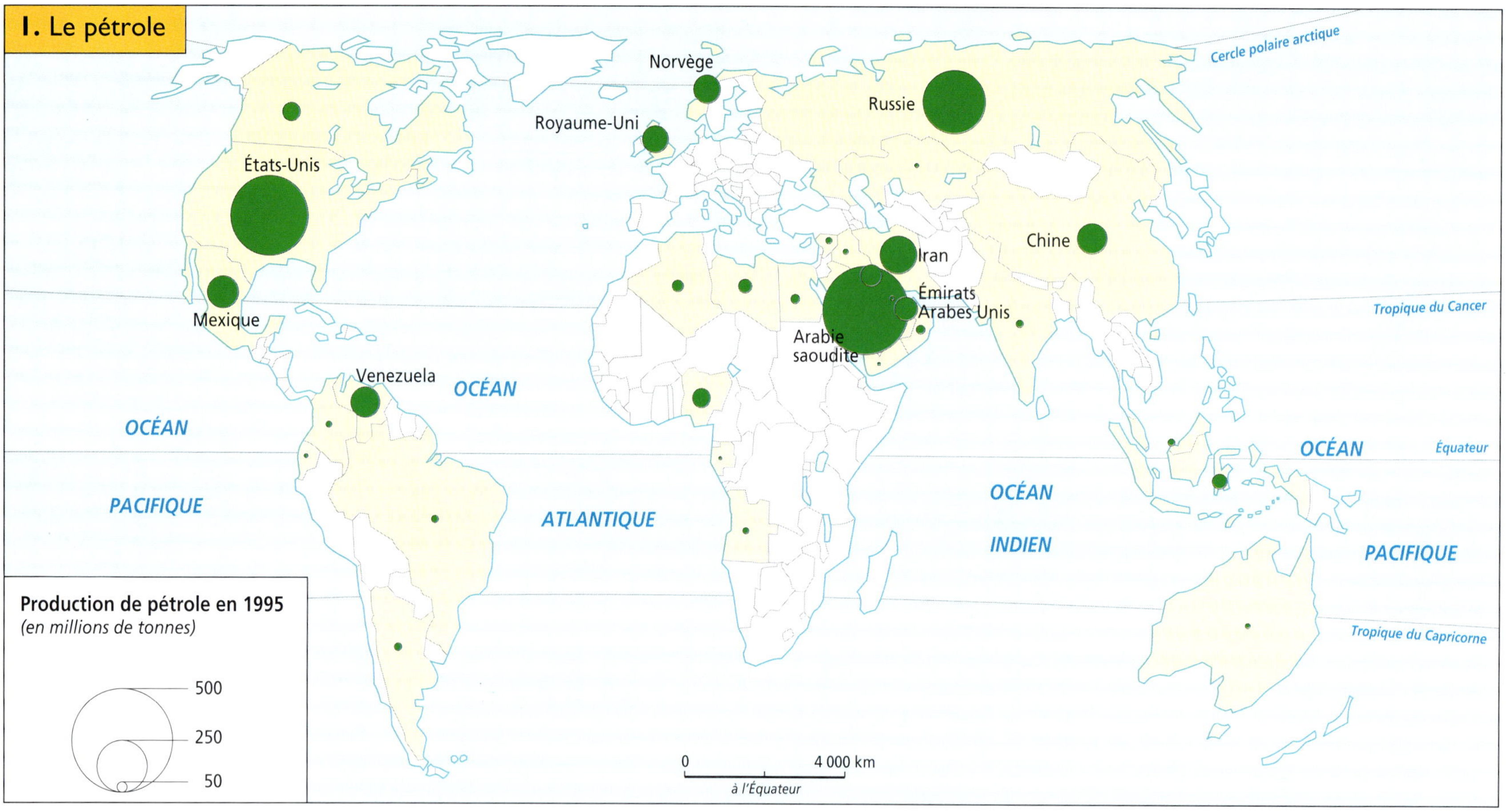

2. Le gaz naturel

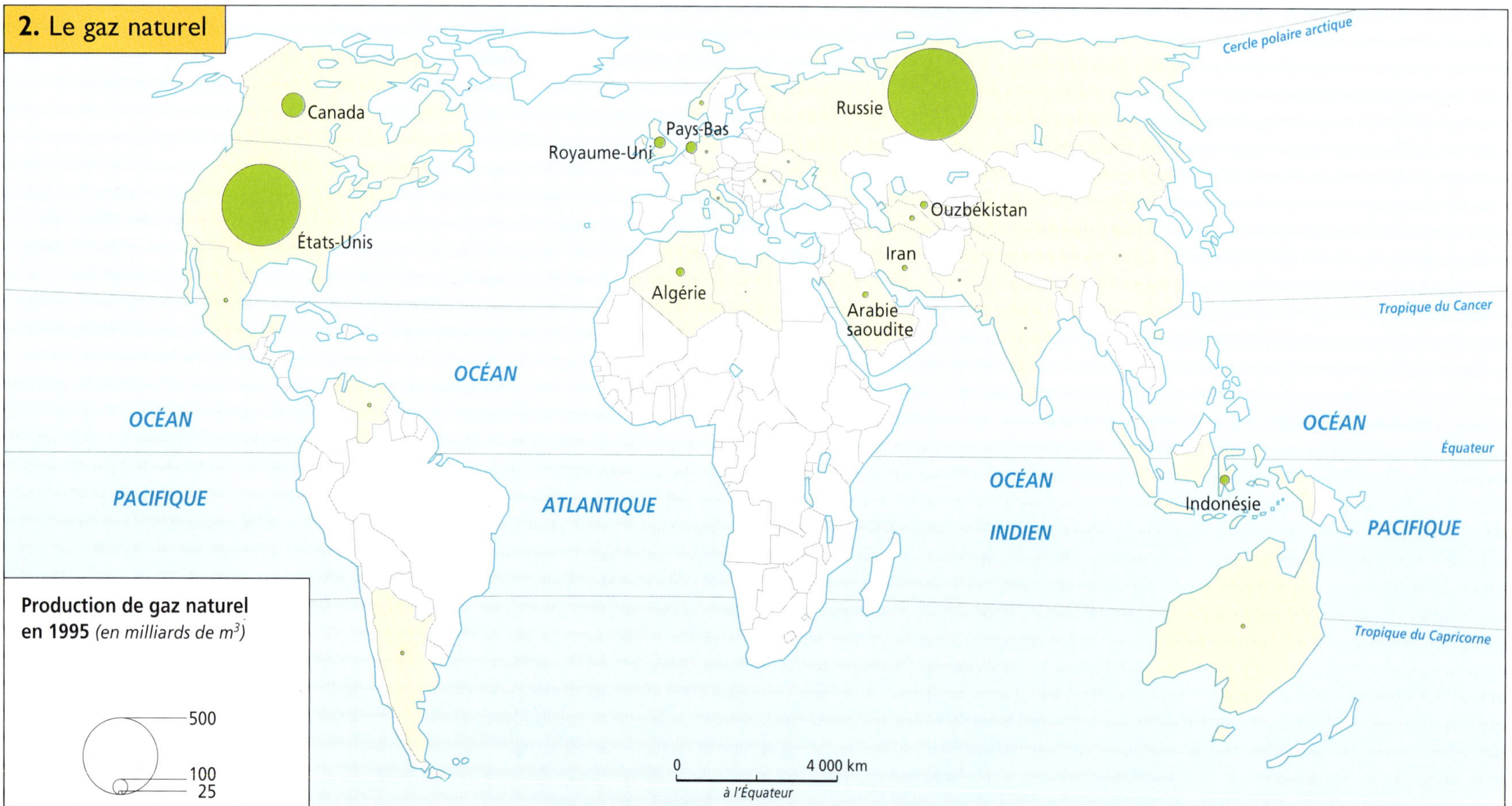

dans le monde

3. Le charbon

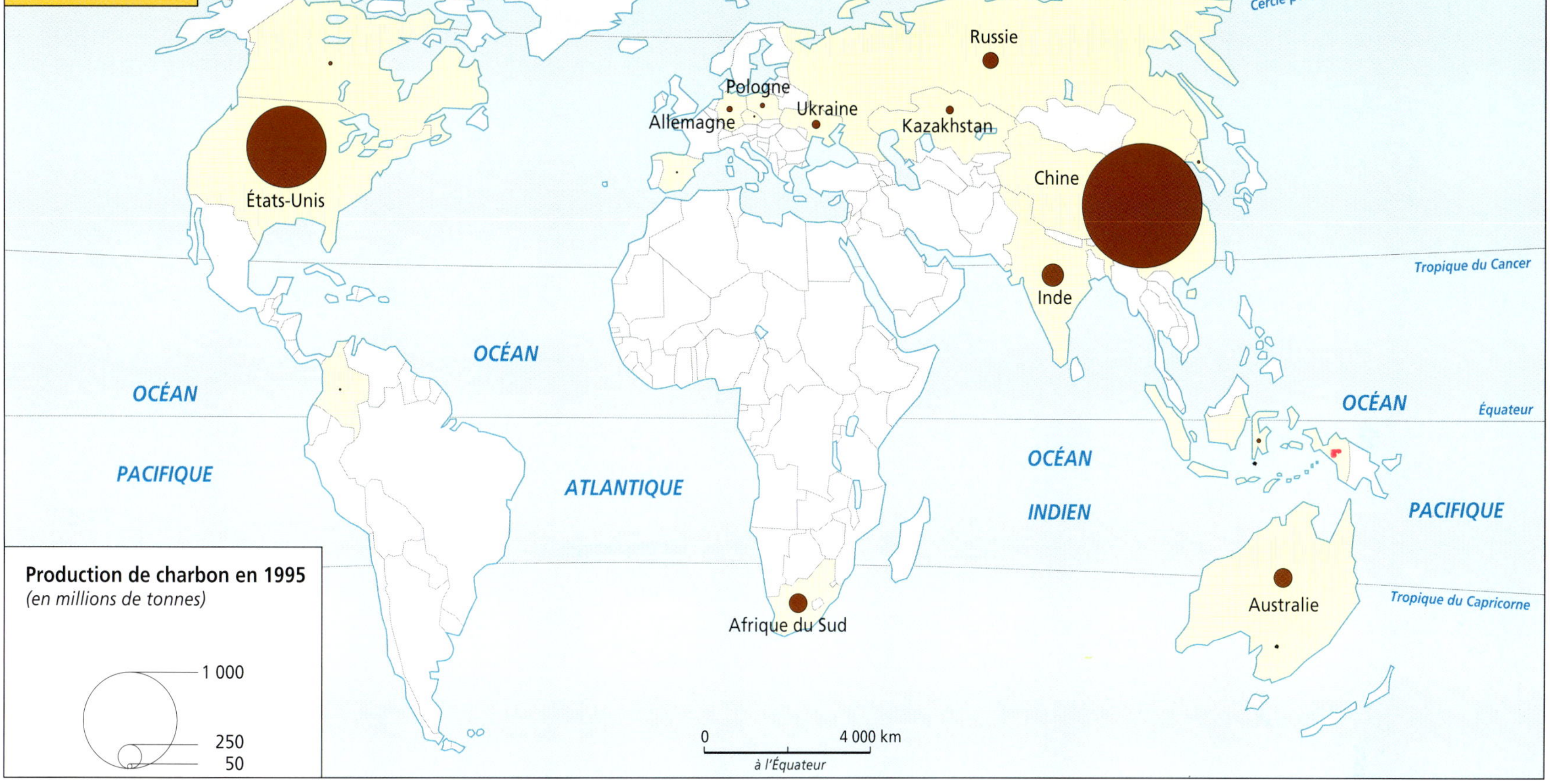

4. L'électricité

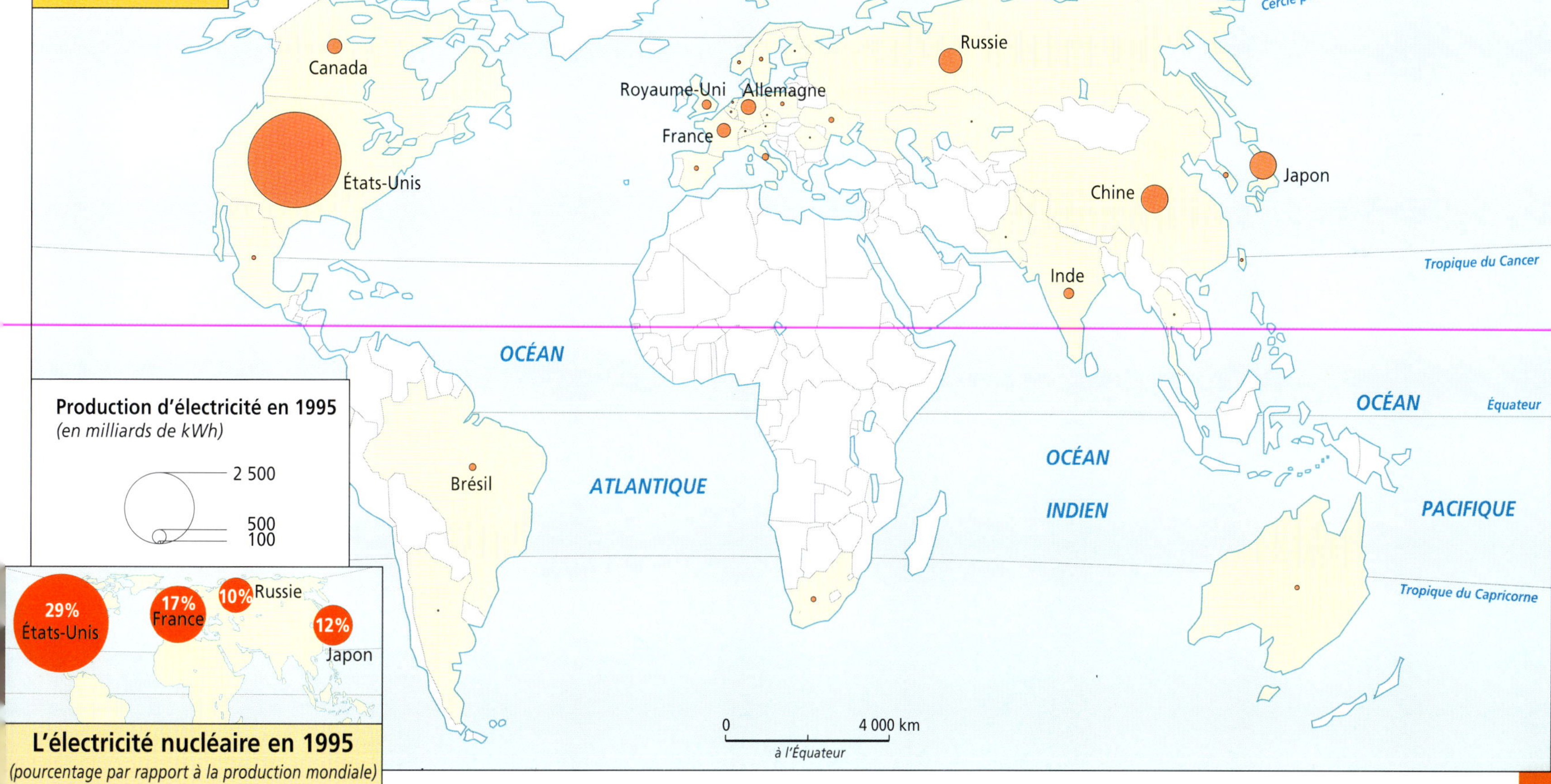

Le relief de l'Europe

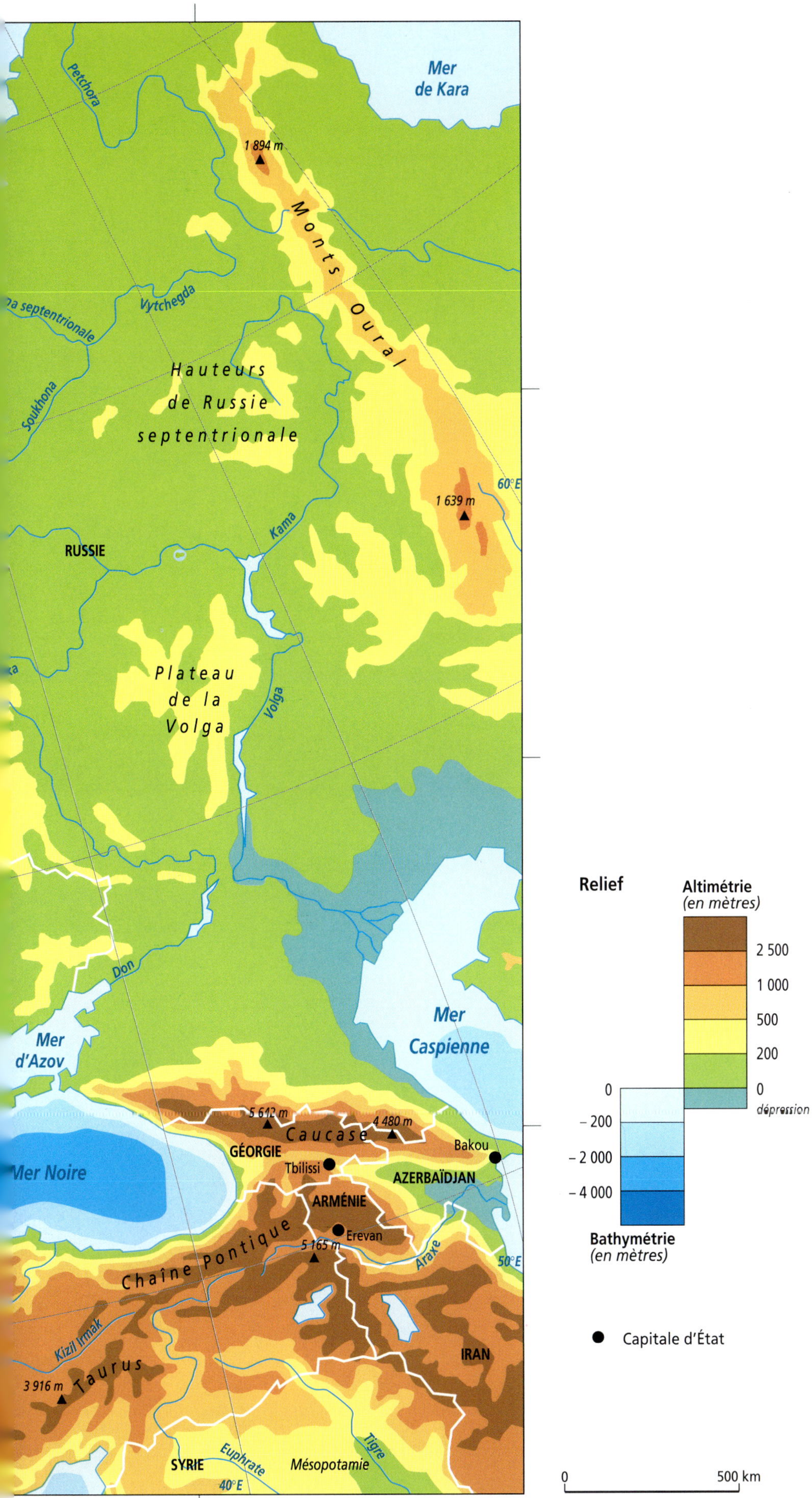

	Superficie (en km²)	Population 1997 (en millions)
ALBANIE	28 748	3,4
ALLEMAGNE	356 959	82,0
ANDORRE	467	0,06
AUTRICHE	83 859	8,1
BELGIQUE	30 528	10,2
BIÉLORUSSIE	207 595	10,3
BOSNIE-HERZÉGOVINE	51 129	3,6
BULGARIE	110 994	8,3
CROATIE	56 538	4,8
DANEMARK	43 093	5,3
ESPAGNE	504 782	39,3
ESTONIE	45 215	1,5
FINLANDE	338 145	5,1
FRANCE	551 602	58,6
GIBRALTAR *(ROYAUME-UNI)*	6	0,03
GRÈCE	131 957	10,5
GROENLAND *(DANEMARK)*	2 175 600	0,06
HONGRIE	93 032	10,2
IRLANDE	70 882	3,6
ISLANDE	102 950	0,3
ITALIE	301 279	57,4
LETTONIE	64 589	2,5
LICHTENSTEIN	160	0,03
LITUANIE	65 200	3,7
LUXEMBOURG	2 586	0,4
MACÉDOINE	25 713	2,1
MALTE	316	0,4
MOLDAVIE	33 700	4,3
MONACO	2	0,03
NORVÈGE	386 958	4,4
PAYS-BAS	41 526	15,6
POLOGNE	312 683	38,6
PORTUGAL	92 072	9,9
TCHÈQUE (RÉPUBLIQUE)	78 864	10,3
ROUMANIE	238 391	22,5
ROYAUME-UNI	244 101	59,0
RUSSIE	17 075 400	147,3
SAINT-MARIN	61	0,03
SLOVAQUIE	49 036	5,4
SLOVÉNIE	20 256	2,0
SUÈDE	449 964	8,9
SUISSE	41 284	7,1
UKRAINE	603 700	50,7
YOUGOSLAVIE	102 173	10,6

L'Europe du XVIIe siècle

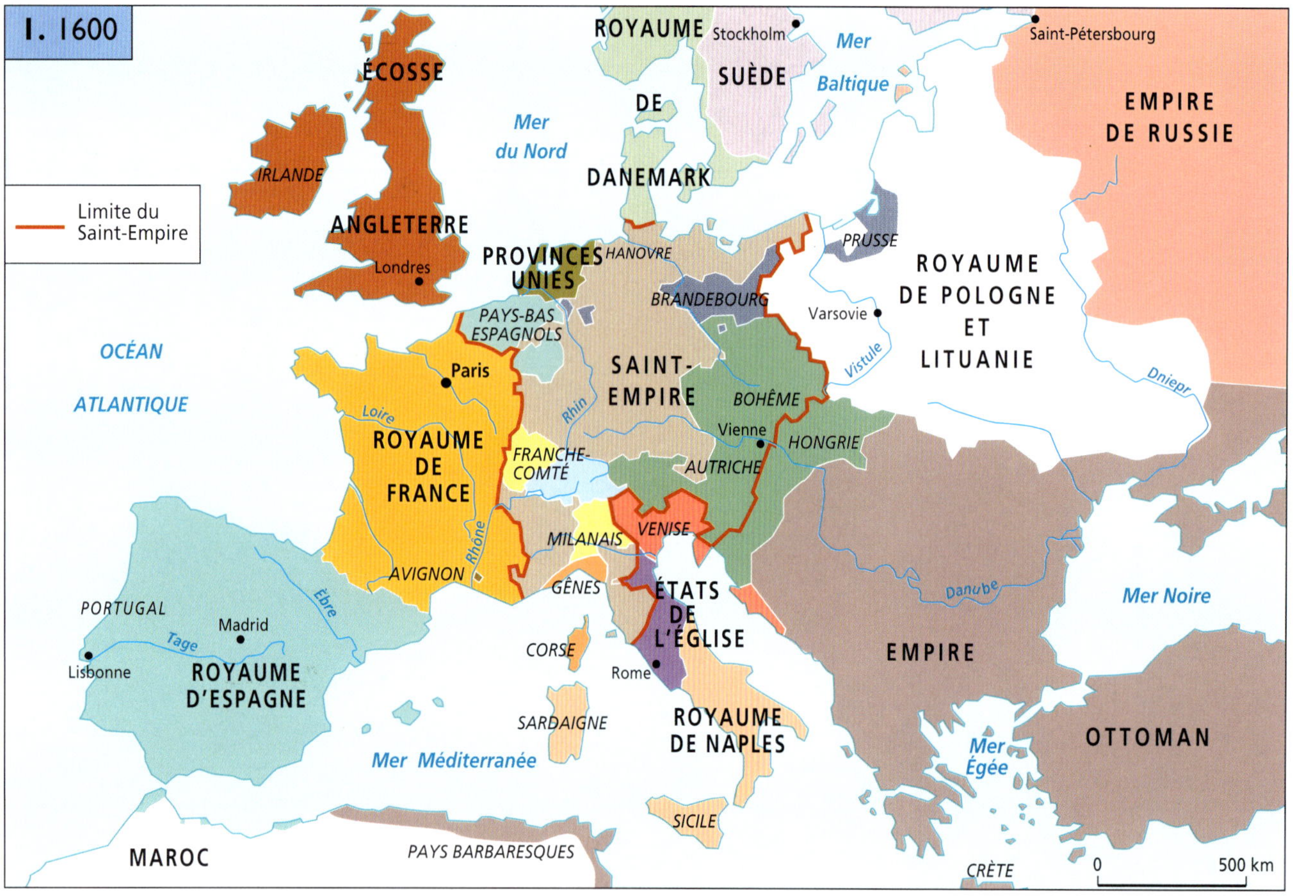

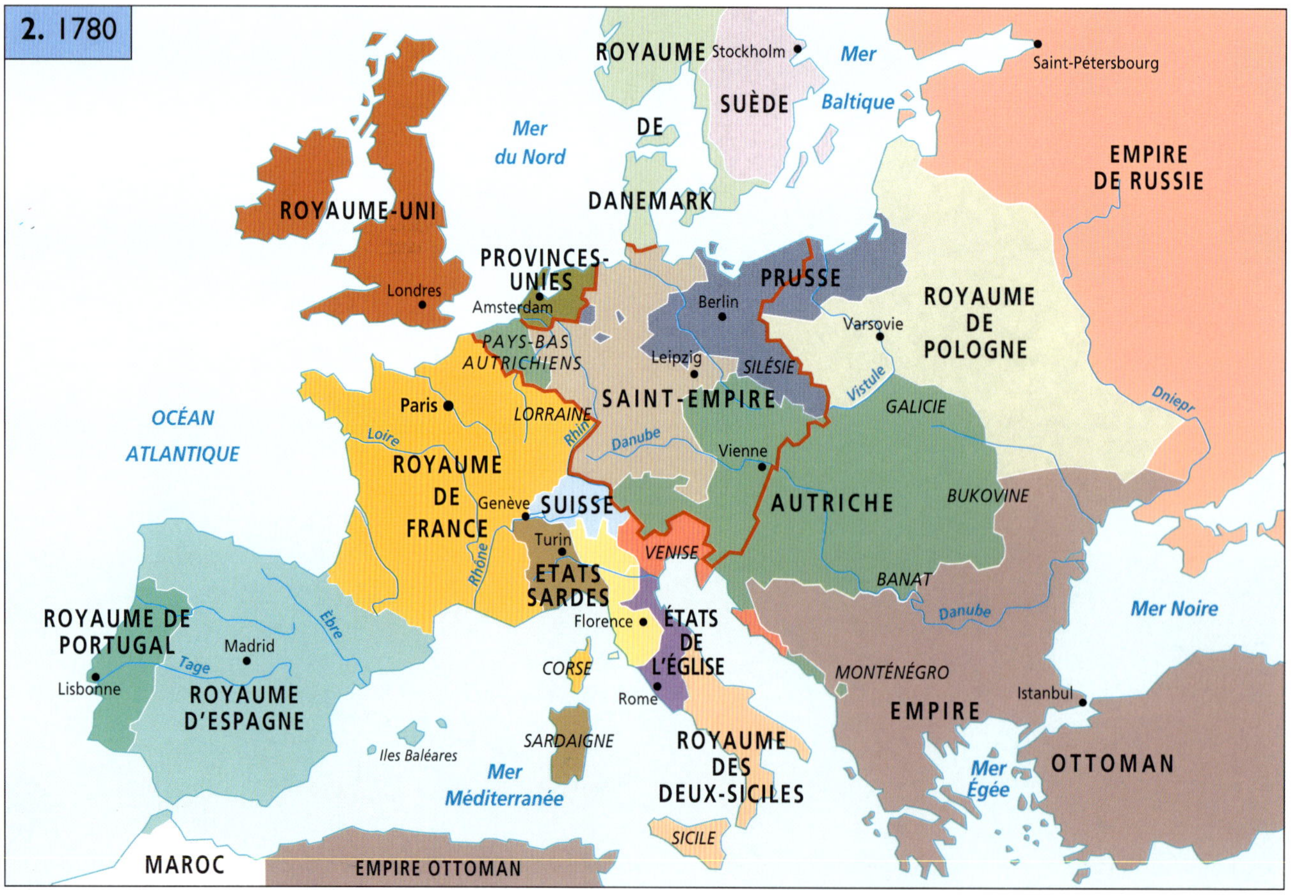

au XIXe siècle

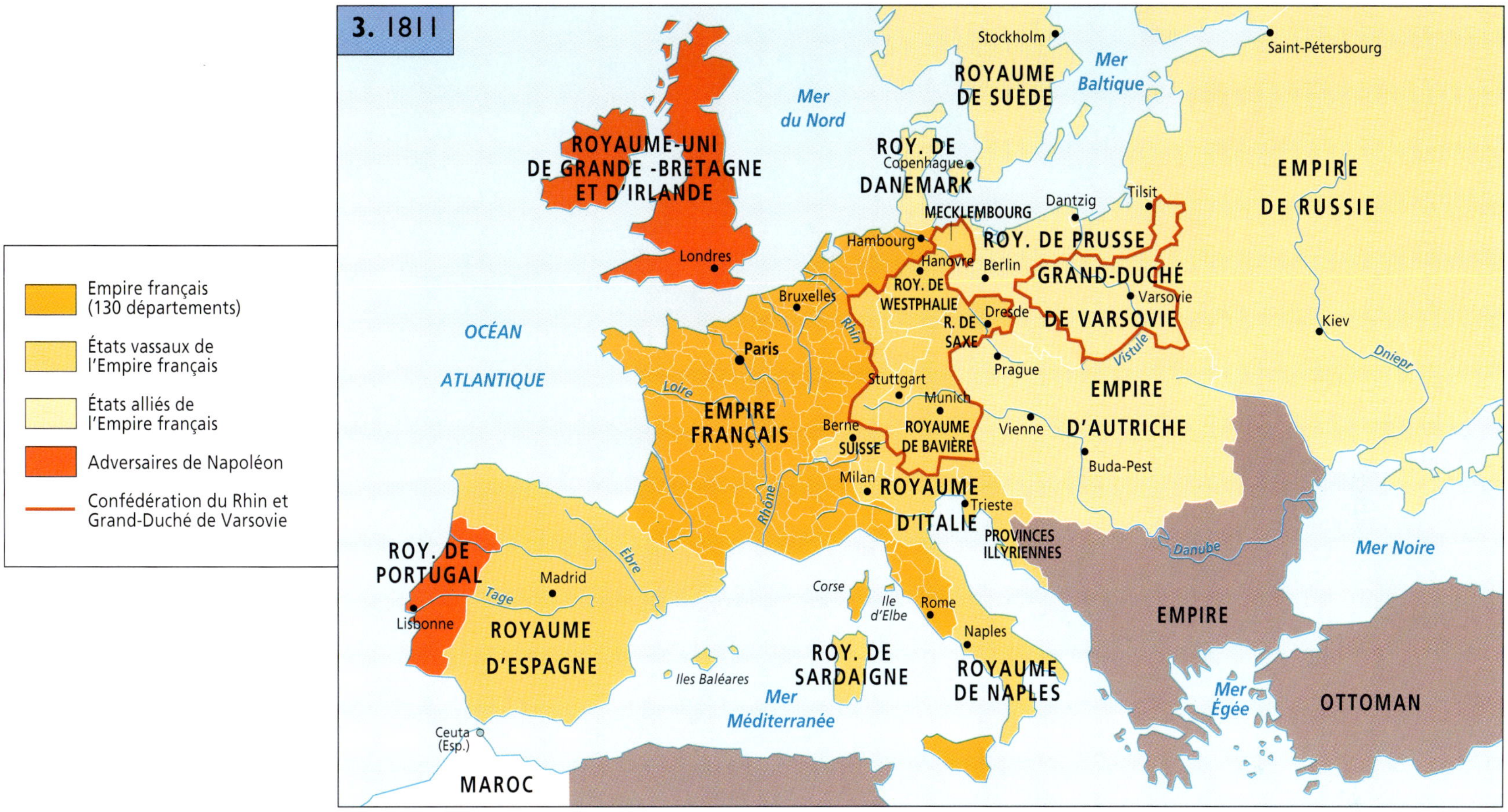

L'Europe du XIXe siècle

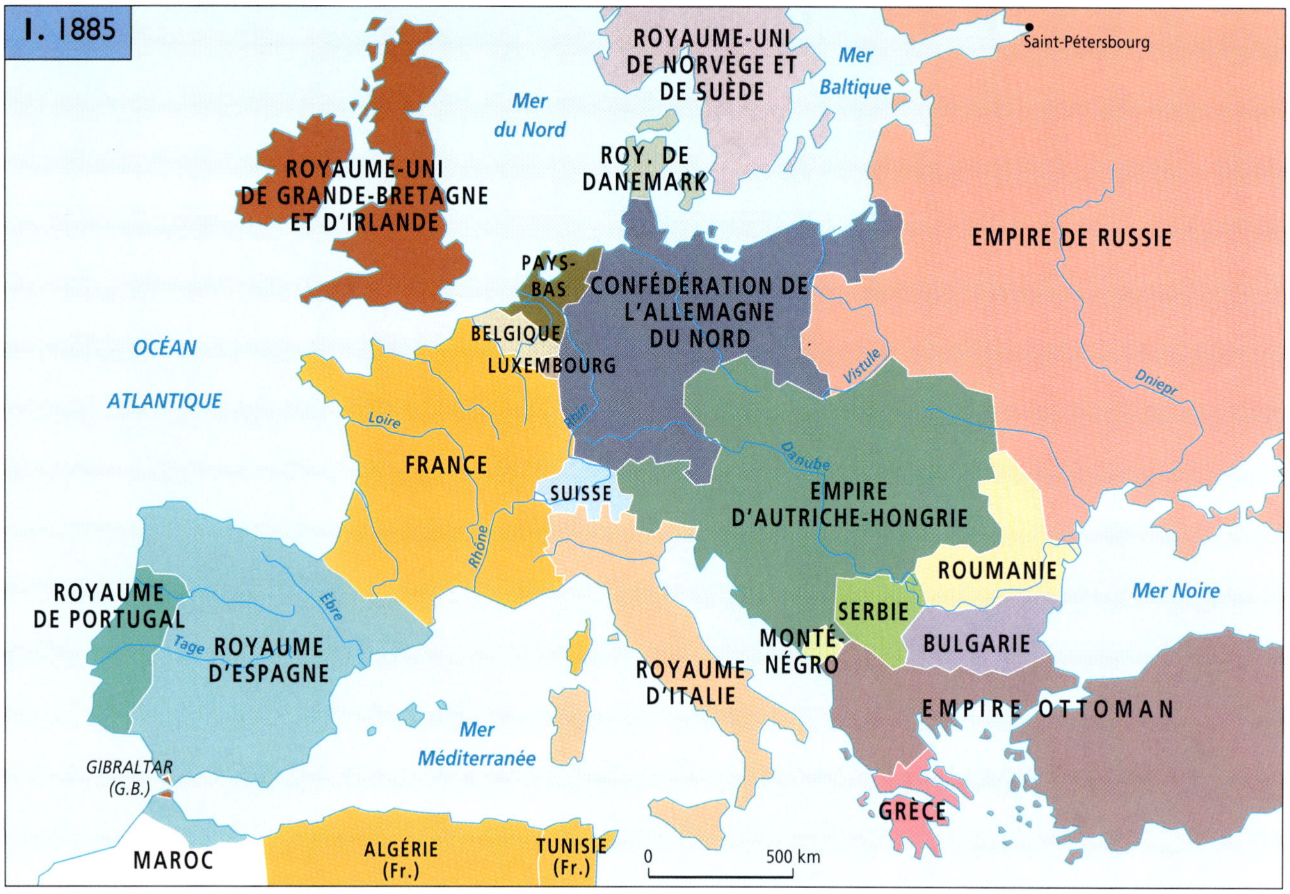

1. 1885

2. 1914

au XXe siècle

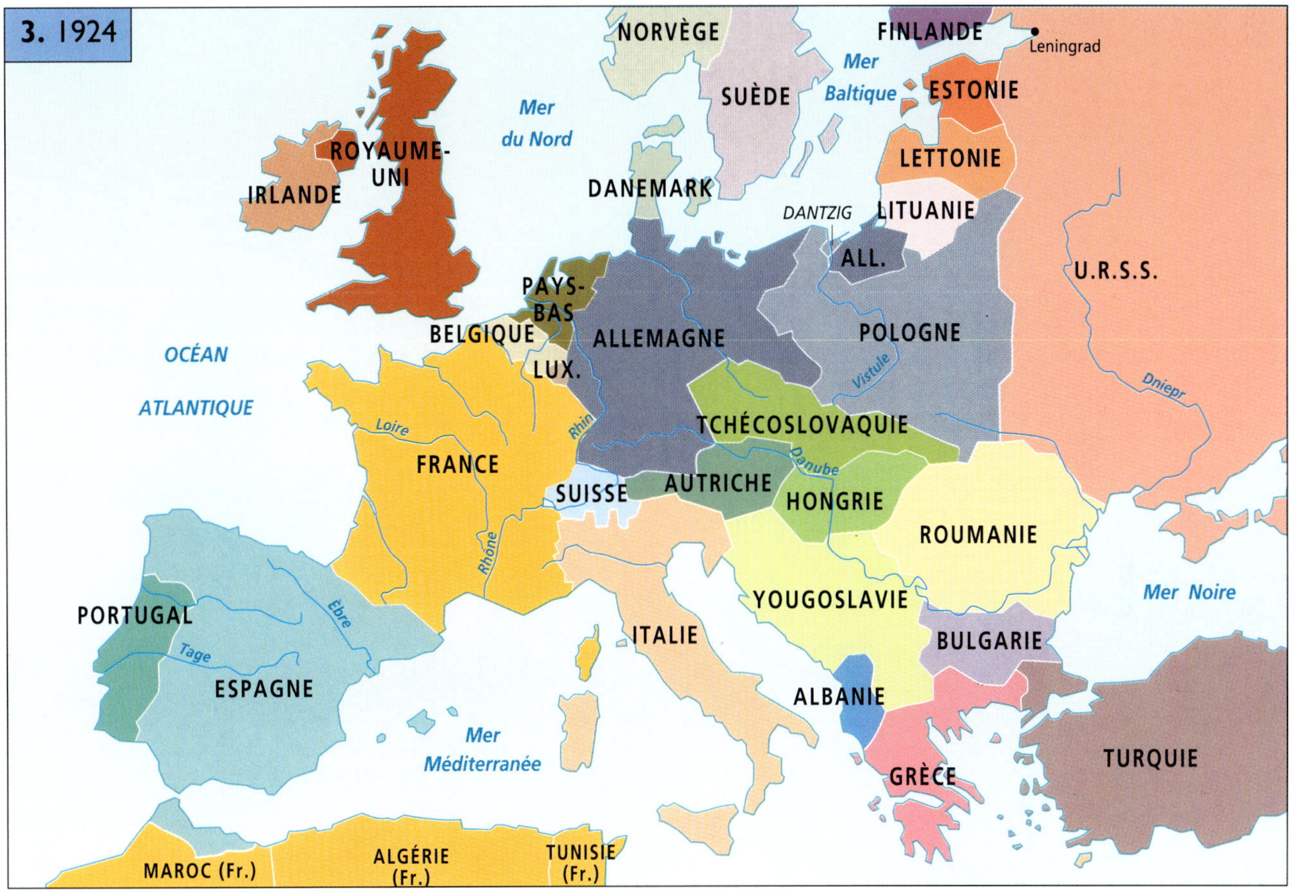

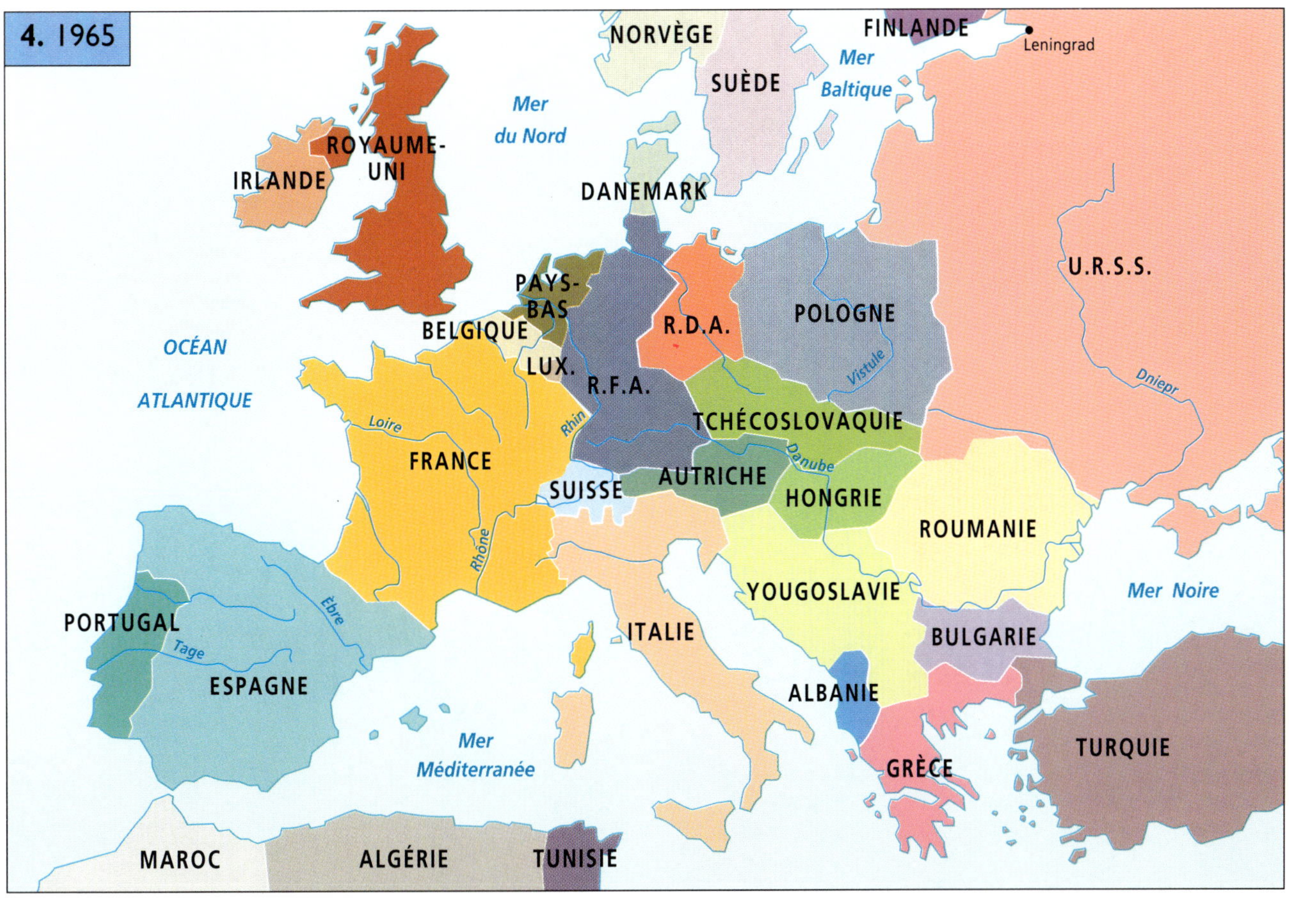

L'Europe d'aujourd'hui

1. L'Europe en 1999

2. Les langues en Europe

Langues et parlers :

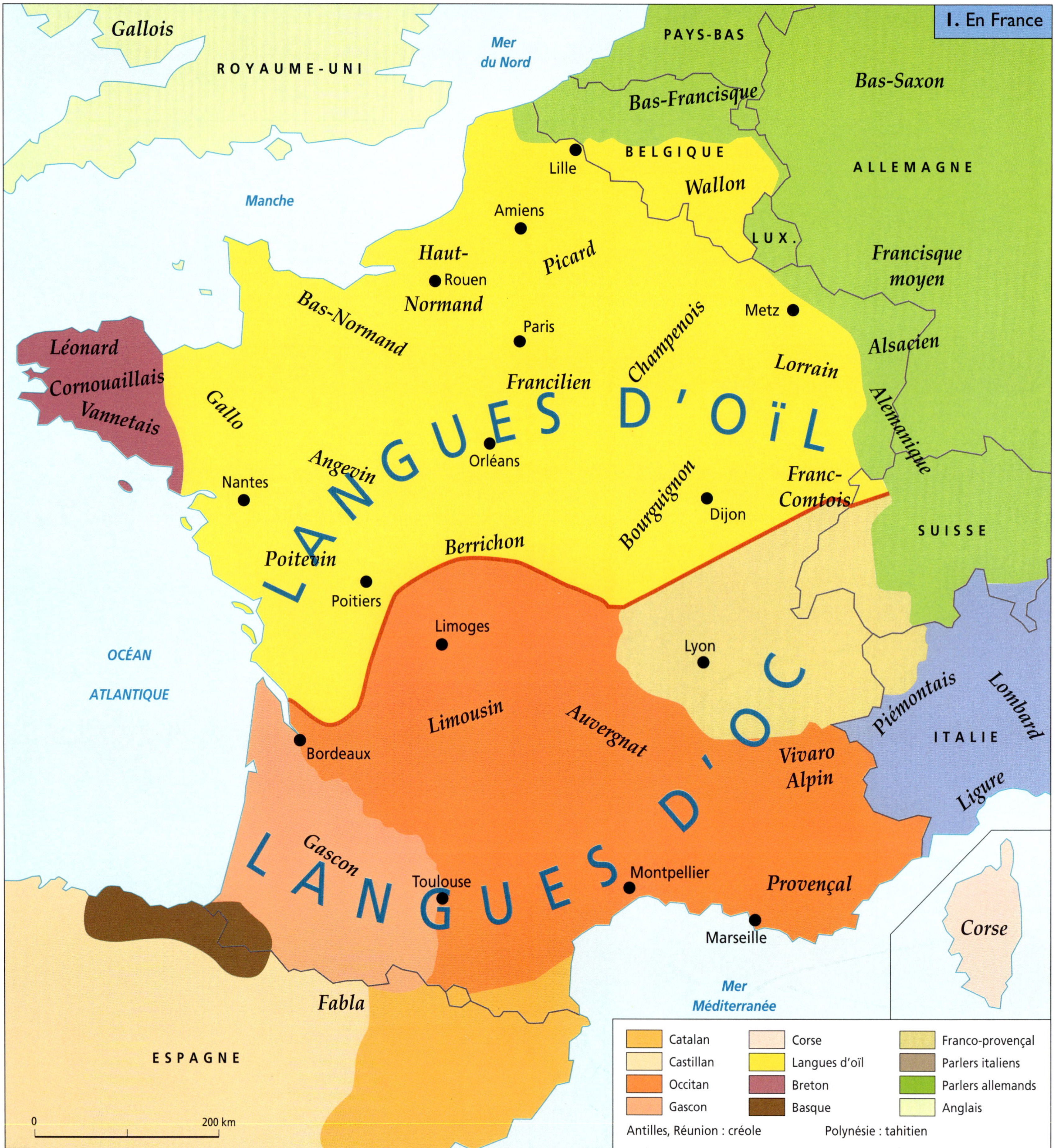

France, Belgique, Suisse

2. En Belgique

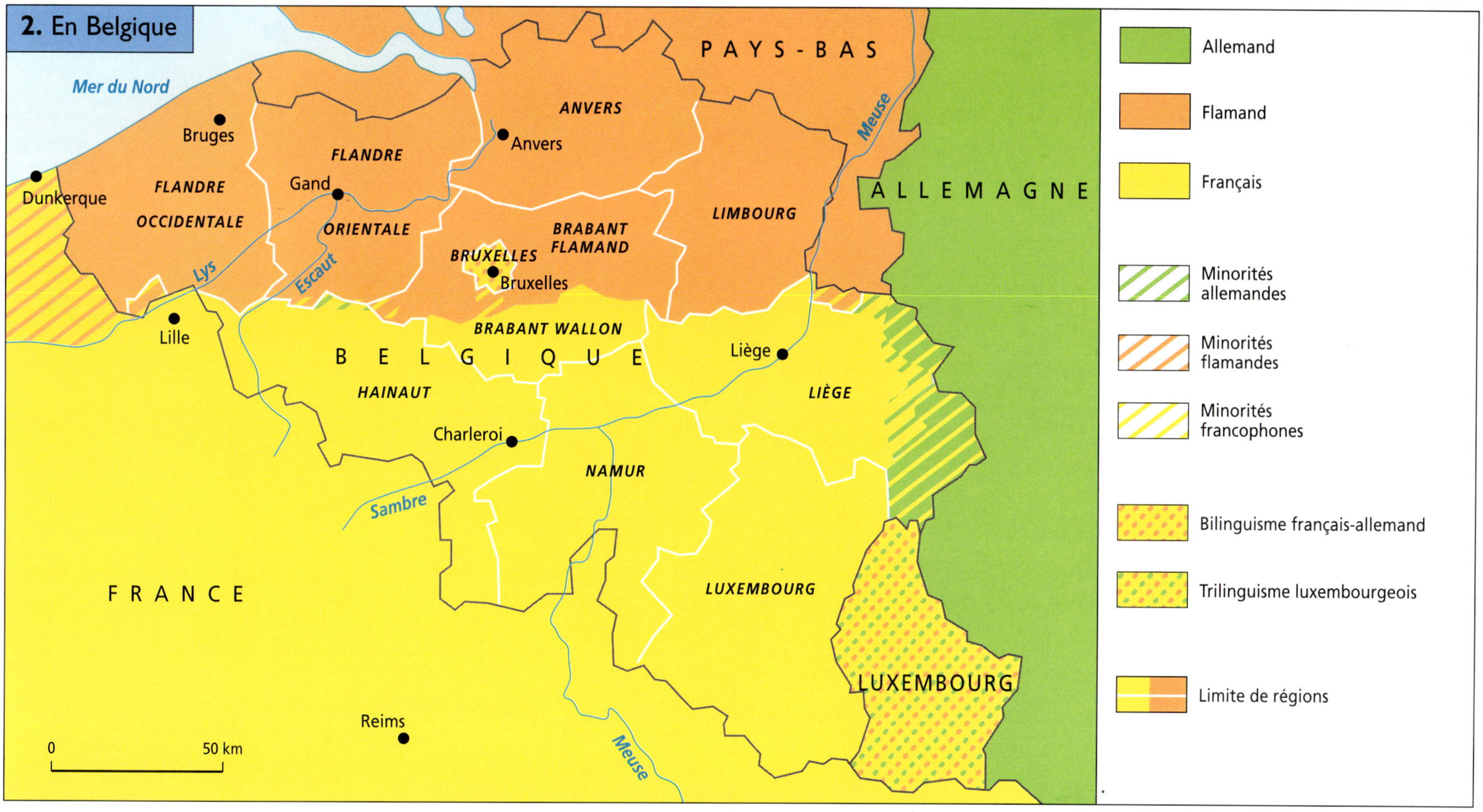

3. En Suisse

Population et

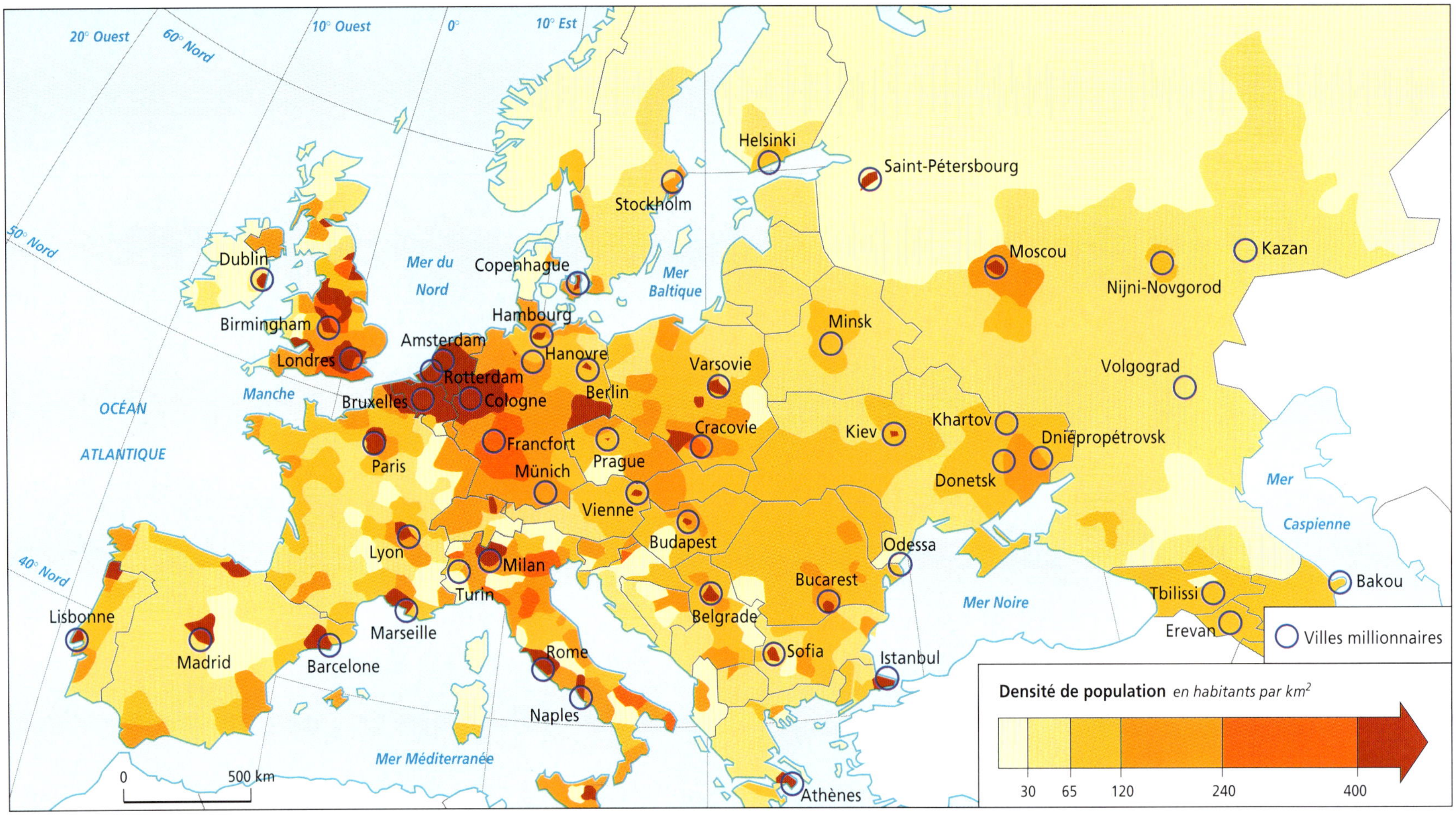

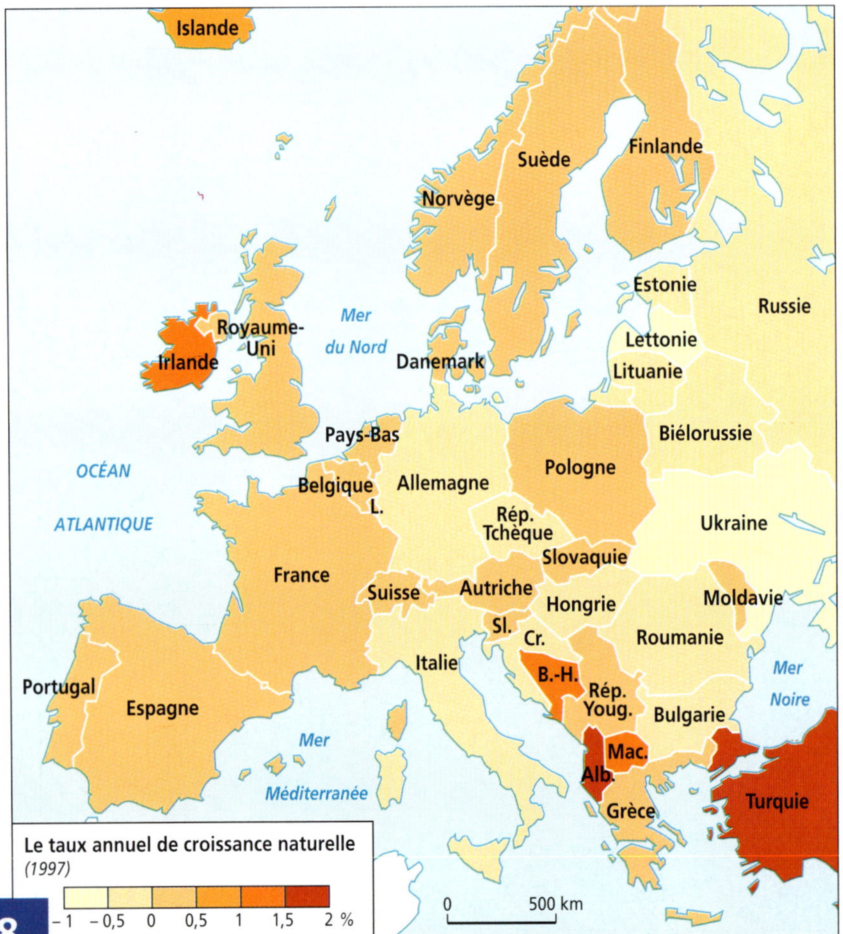

démographie

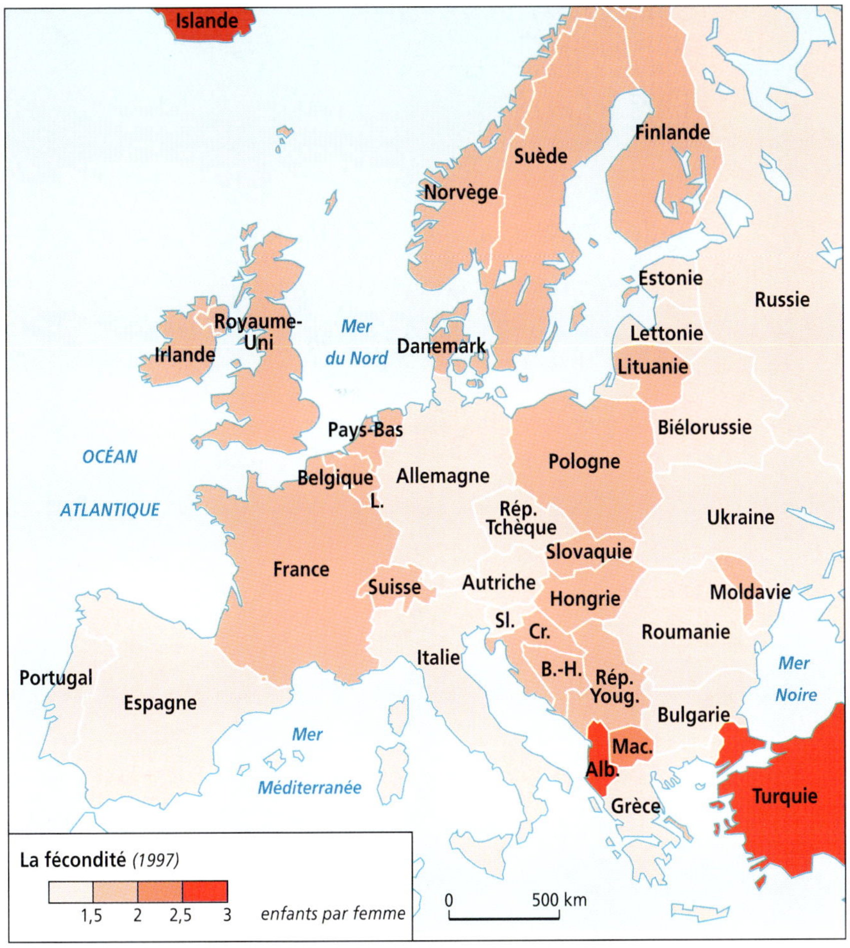

La fécondité *(1997)*

Les jeunes de moins de 15 ans *(1997)*
(proportion par rapport à la population totale)

Les personnes de 65 ans et plus *(1997)*
(proportion par rapport à la population totale)

L'espérance de vie à la naissance *(1997)*

La Péninsule Ibérique

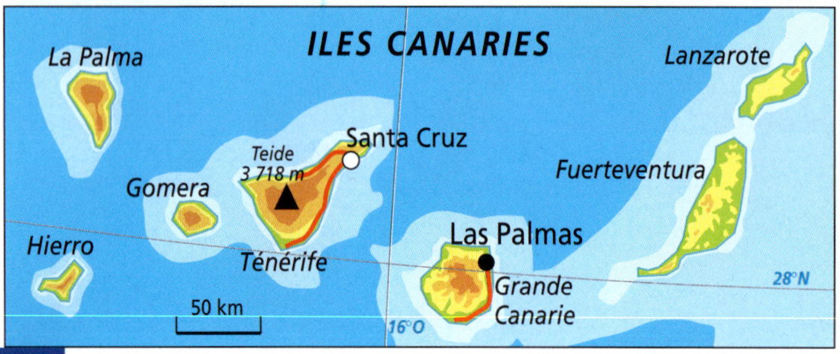

échelle - 1 : 5 000 000

L'Italie

échelle - 1 : 5 000 000

Les îles britanniques

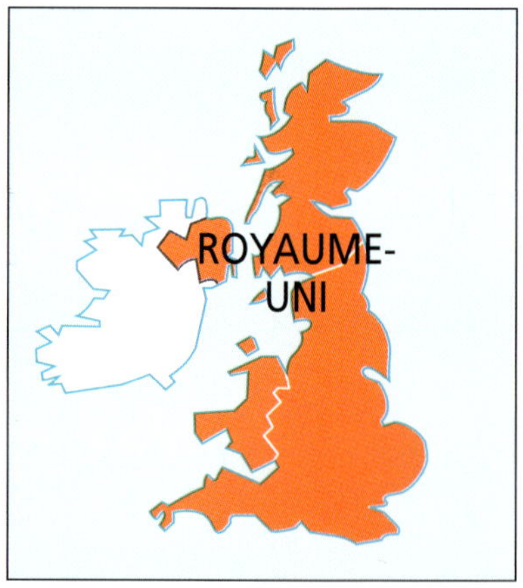

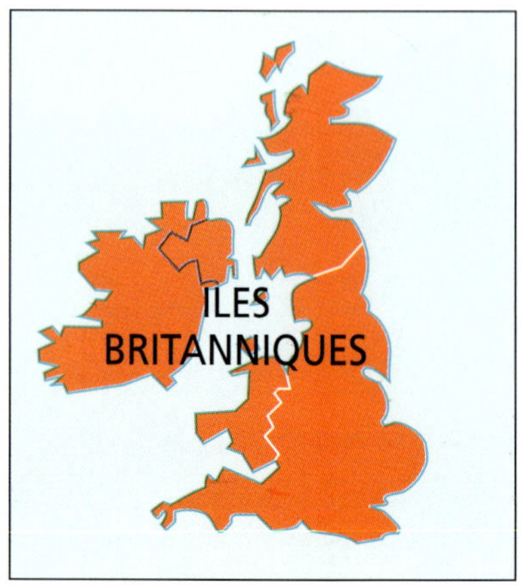

échelle - 1 : 5 000 000

Le Benelux

échelle - 1 : 2 000 000

L'Allemagne

échelle - 1 : 4 000 000

La Scandinavie

échelle - 1 : 8 000 000

L'Europe centrale

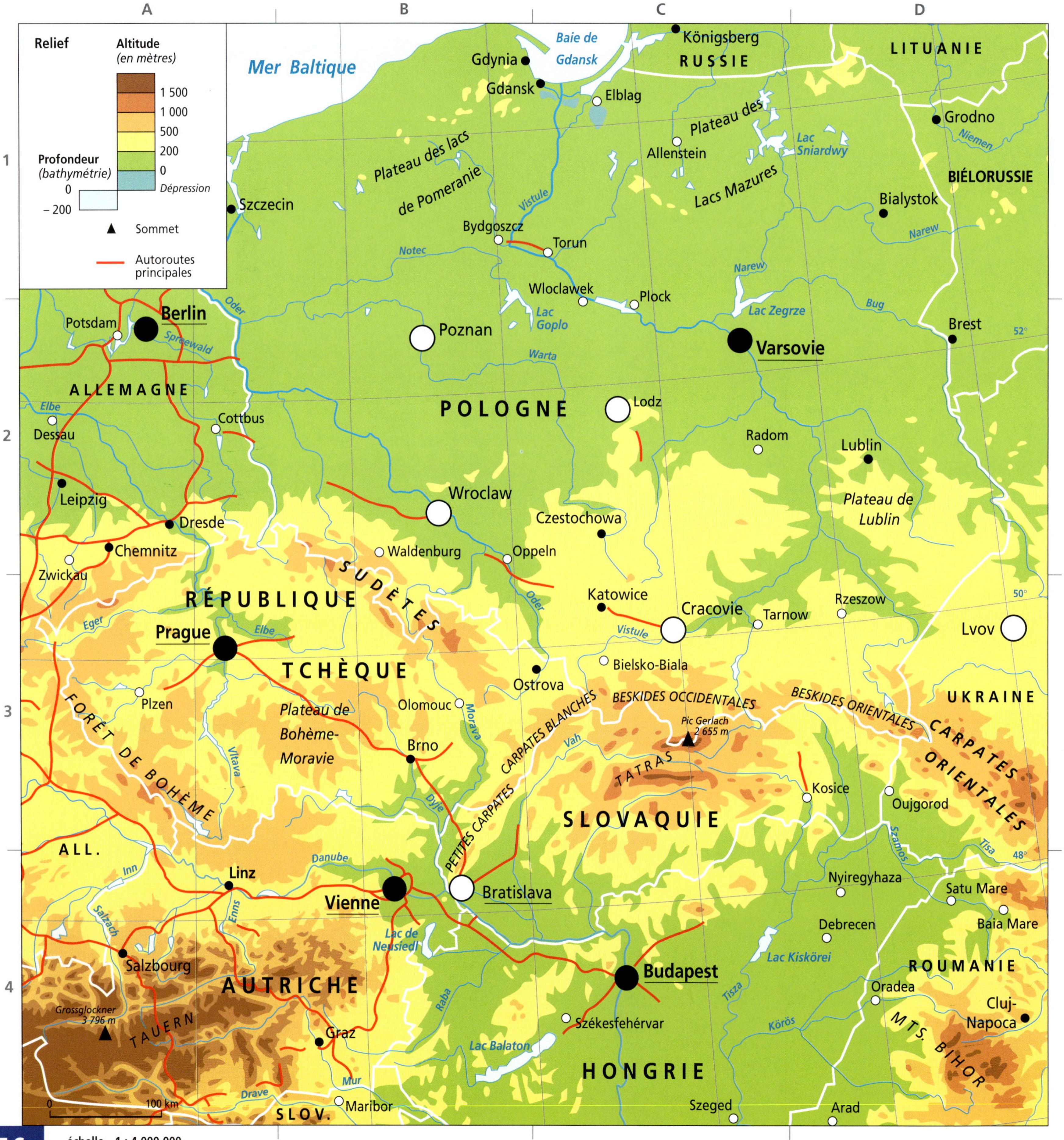

échelle - 1 : 4 000 000

L'Europe de l'Est

échelle - 1 : 10 000 000

La Suisse

échelle - 1 : 2 000 000

et l'Autriche

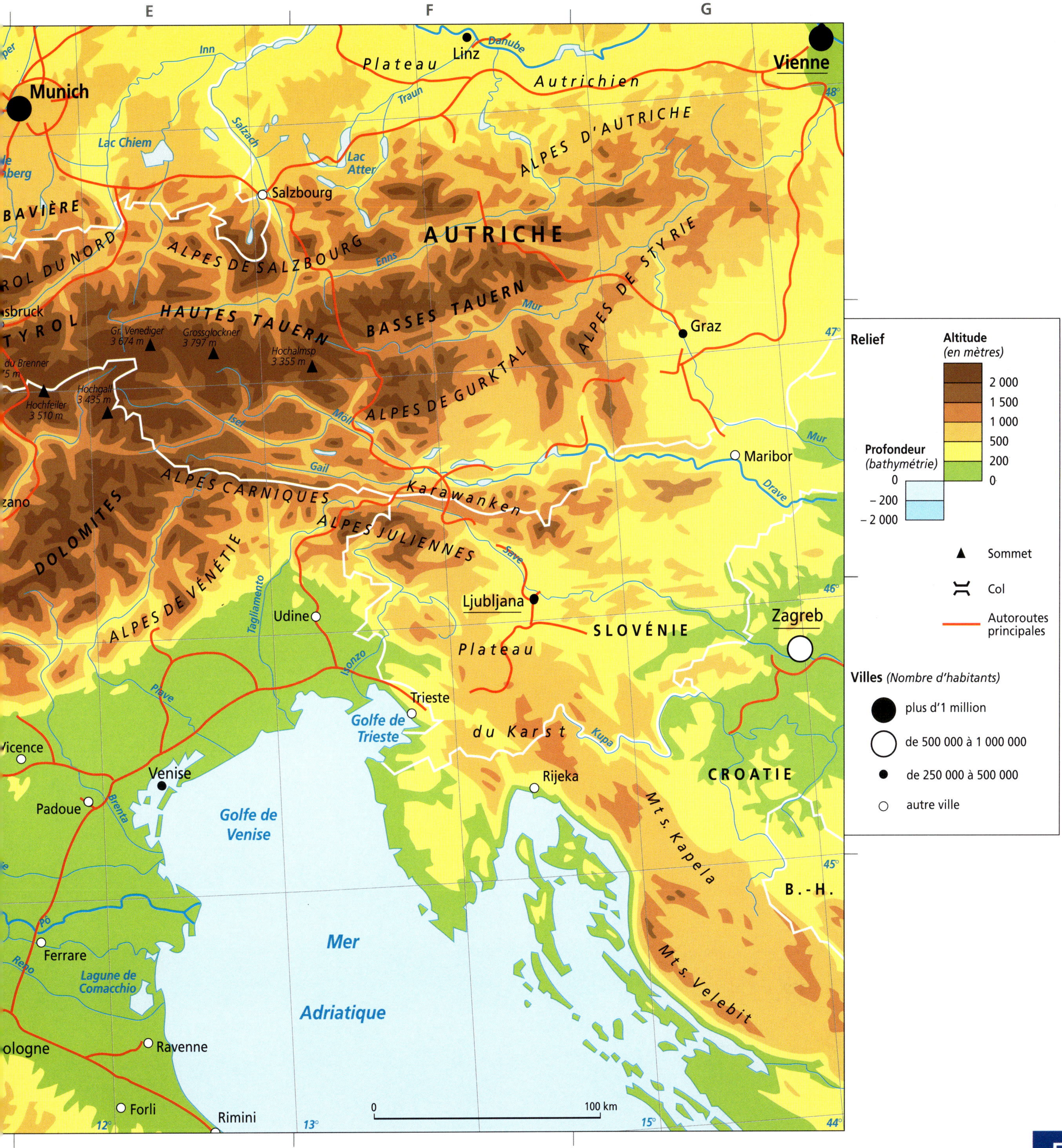

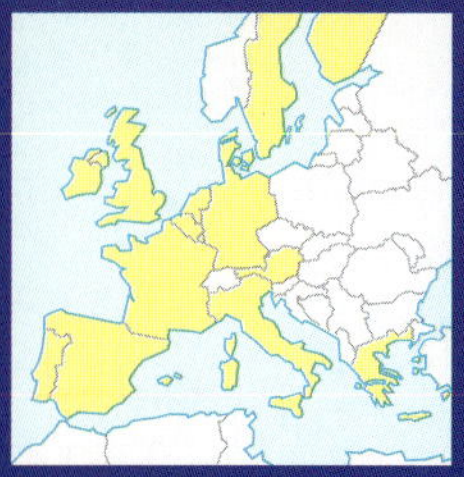

La Grèce

échelle - 1 : 3 000 000

Les Balkans

A
B
C
D
1
2
3
4
AUTRICHE
Graz
Drave
Maribor
Save
Ljubljana
SLOVÉNIE
Trieste
Zagreb
Kupa
CROATIE
Rijeka
Székesfehérvar
Budapest
Lac Balaton
HONGRIE
Plaine Pannonienne
Pécs
Danube
Szeged
Osijek
Oradea
Cluj-Napoca
Tirgu Mures
CARPATES ORIENTALES
ROUMANIE
Arad
Timisoara
Mures
Sibiu
Brasov
Moldoveanu 2 544 m
Bega
Resita
CARPATES MÉRIDIONALES
Ploiesti
Pitesti
Arges
Bucarest
Novi Sad
Belgrade
Banja Luka
Bosna
Save
Drina
BOSNIE-HERZÉGOVINE
Una
ALPES DINARIQUES
Les Portes de Fer
Jiu
Olt
Craiova
RÉPUBLIQUE FÉDÉRALE DE YOUGOSLAVIE
Danube
Zadar
Troglav 1 913 m
Sarajevo
Split
Neretva
Golija 1 833 m
Lim
Morava
Nis
BALKAN OCCID.
BALKAN
Iskâr
Pleven
Mer
Durmitor 2 528 m
Tara
MONTÉNÉGRO
KOSOVO
Sofia
BULGARIE
Zagora
Dubrovnik
Lac de Skhodra
ALPES ALBANAISES
Struma
Mont Musala 2 925 m
Plovdiv
Marica
Adriatique
Drin
Mont Korab 2 751 m
Skopje
Drin noir
MACÉDOINE
Arda
Nestos
ITALIE
Foggia
Tirana
Durrës
Vardar
Strymon
GRÈCE
Naples
Bari
Lac d'Ohrid
Lac Prespa
Axios
Salerne
Seman
Brindisi
ALBANIE
Thessalonique
Tarente
Détroit d'Otrante
Vjosë
Aliakmon
Mt Olympe 2 917 m
Smolikas 2 637 m
Mts du Pinde
Mer Tyrrhénienne
Golfe de Tarente
Pinios
Larissa
Mer Égée
Cosenza
Ile de Corfou
Arakhthos
Mt Othrys 1 726 m
Timfristos 2 315 m
Mer Ionienne
Akheloos
0
100 km
46°
44°
42°
40°
16°
18°
20°
22°
24°

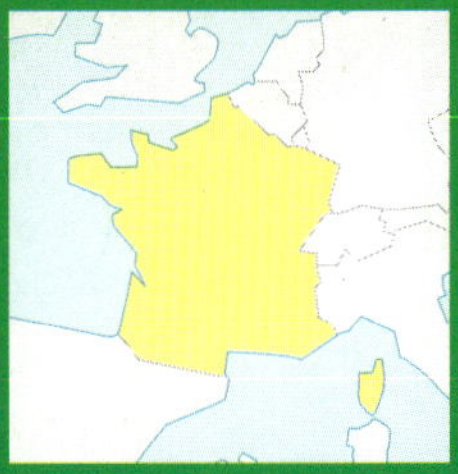

Le relief de la France

échelle - 1 : 5 000 000

La formation du territoire

Évolution du royaume de France entre…

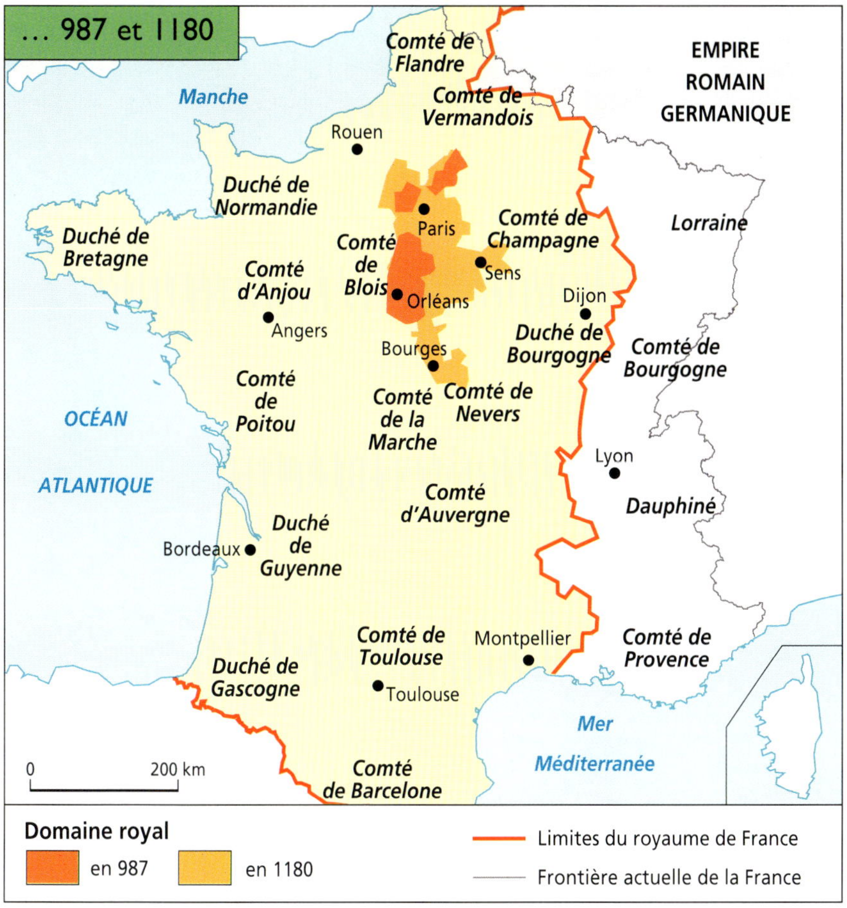

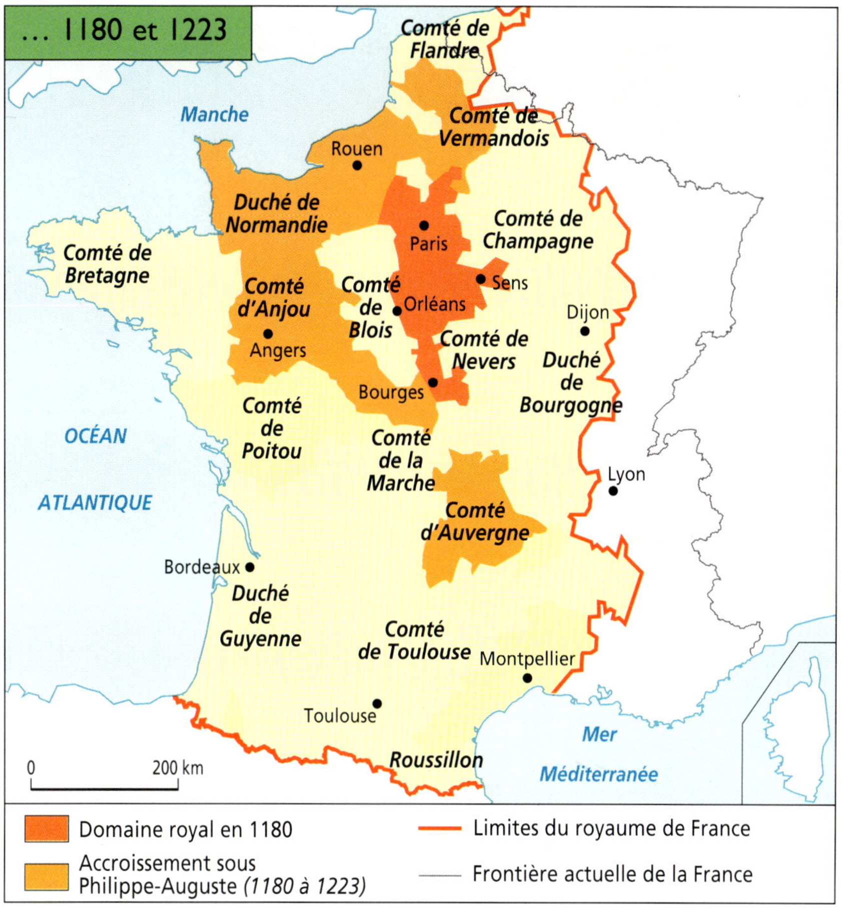

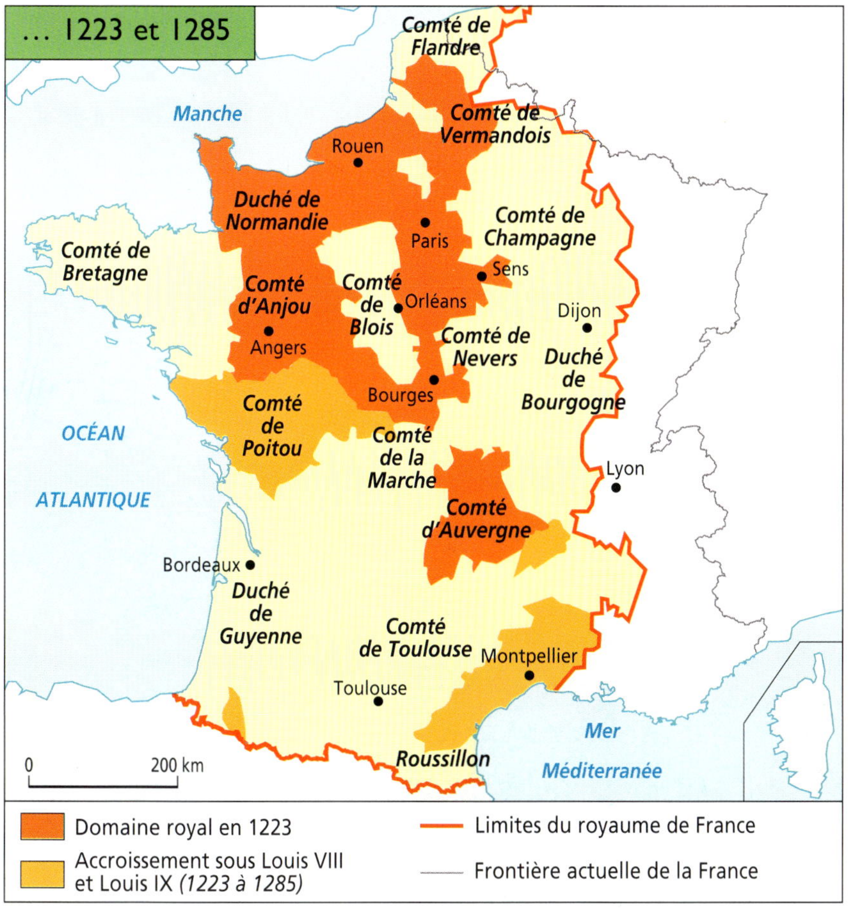

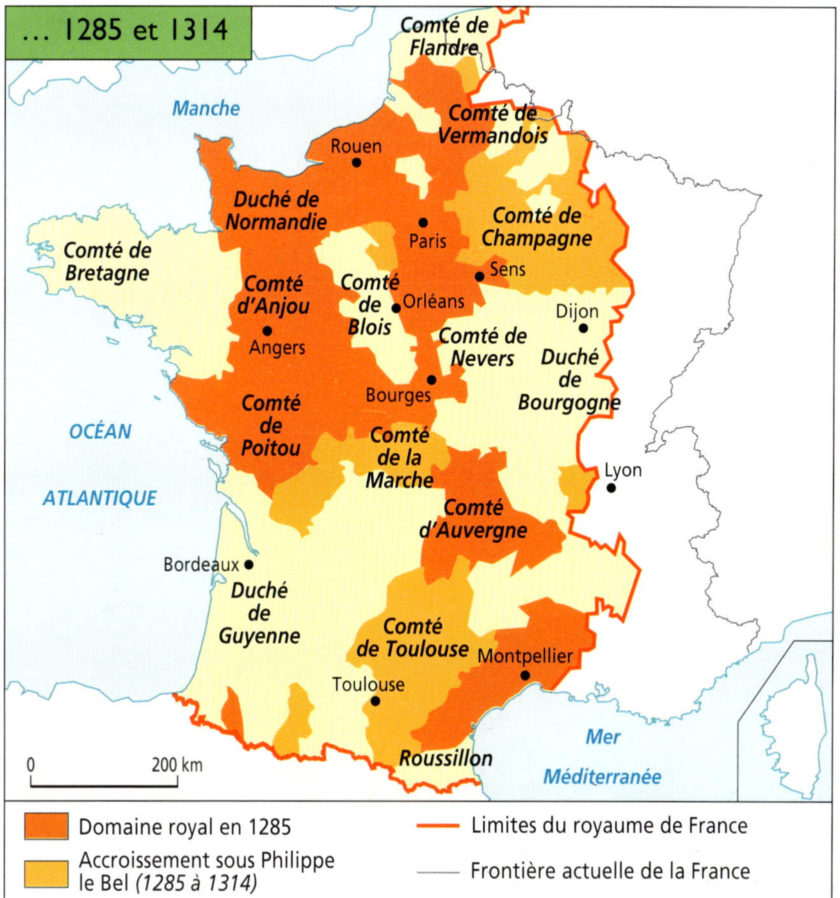

Départements et régions

I. La France administrative

Le puzzle français

2. Les 36 551 communes de France

Précipitations

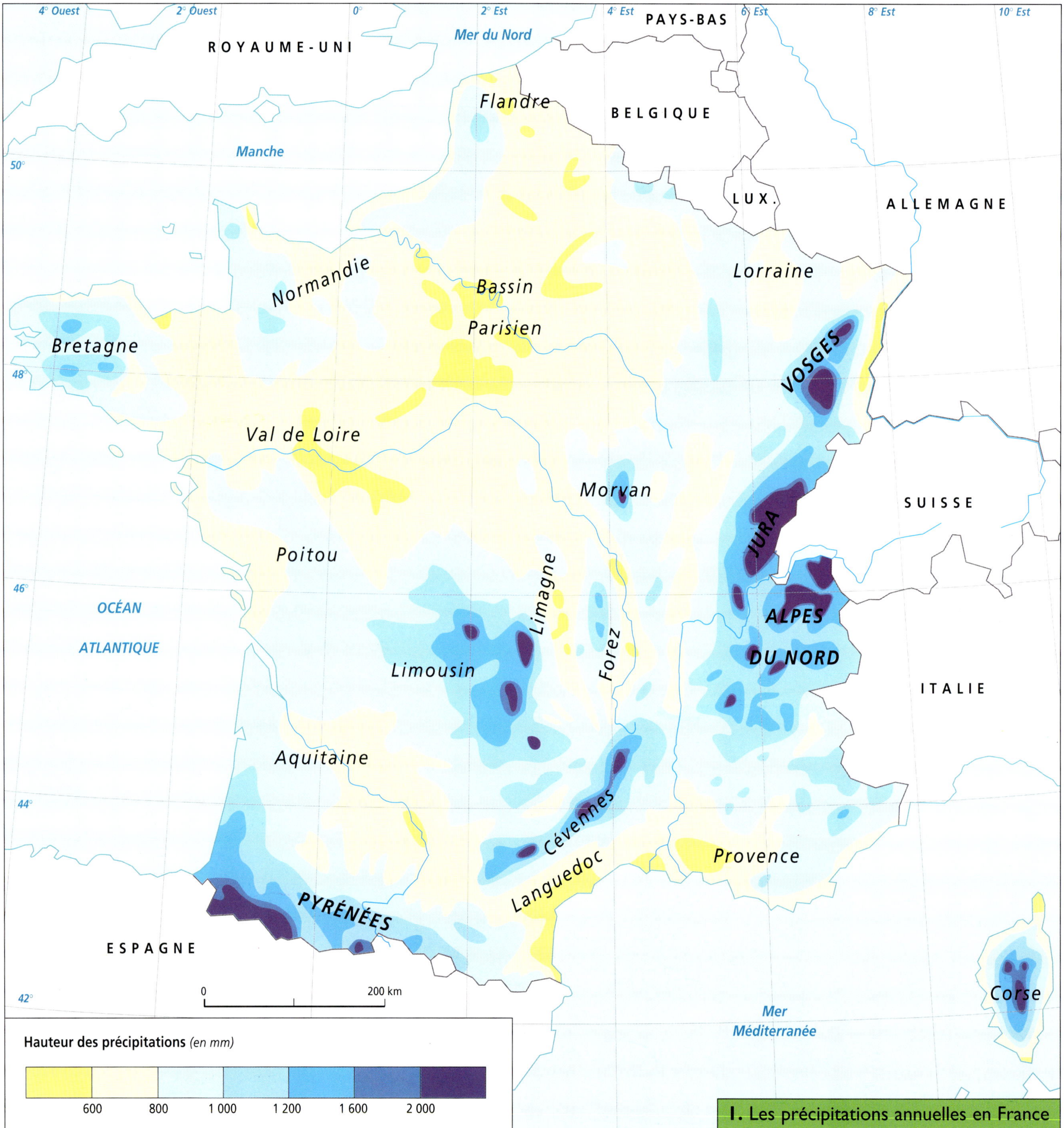

1. Les précipitations annuelles en France

Températures

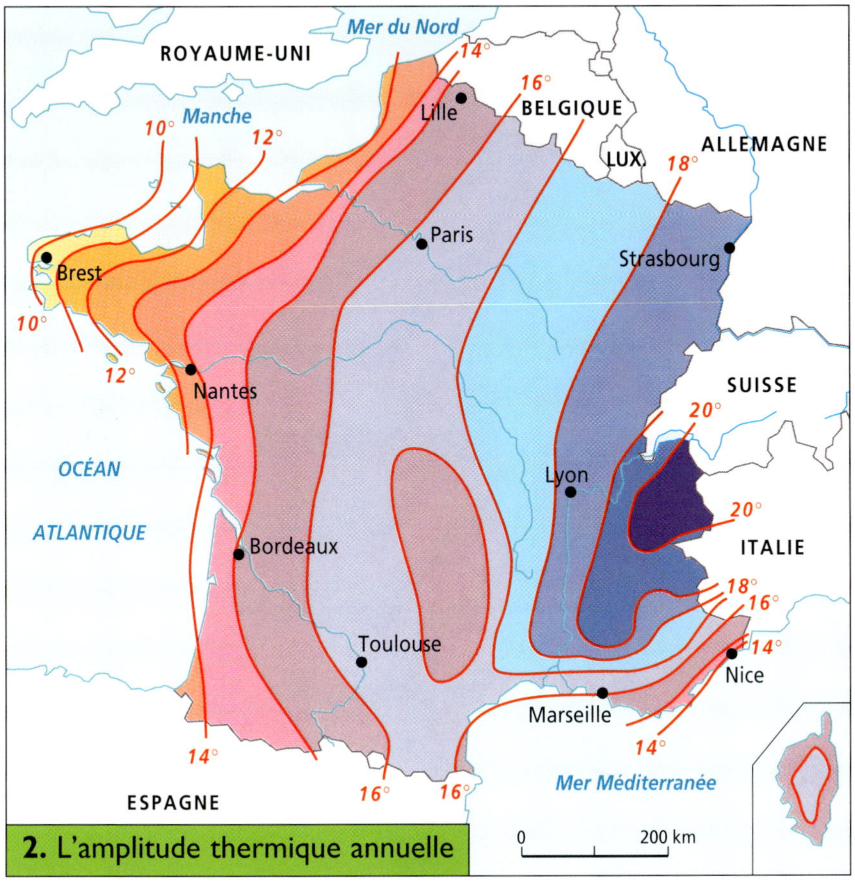

2. L'amplitude thermique annuelle

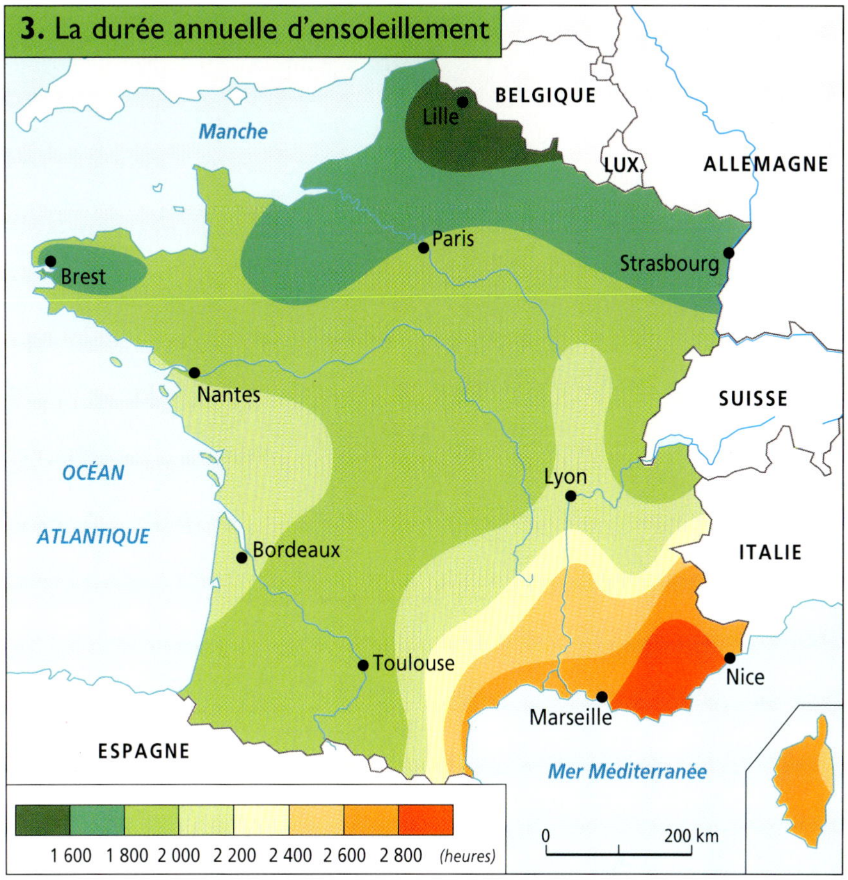

3. La durée annuelle d'ensoleillement

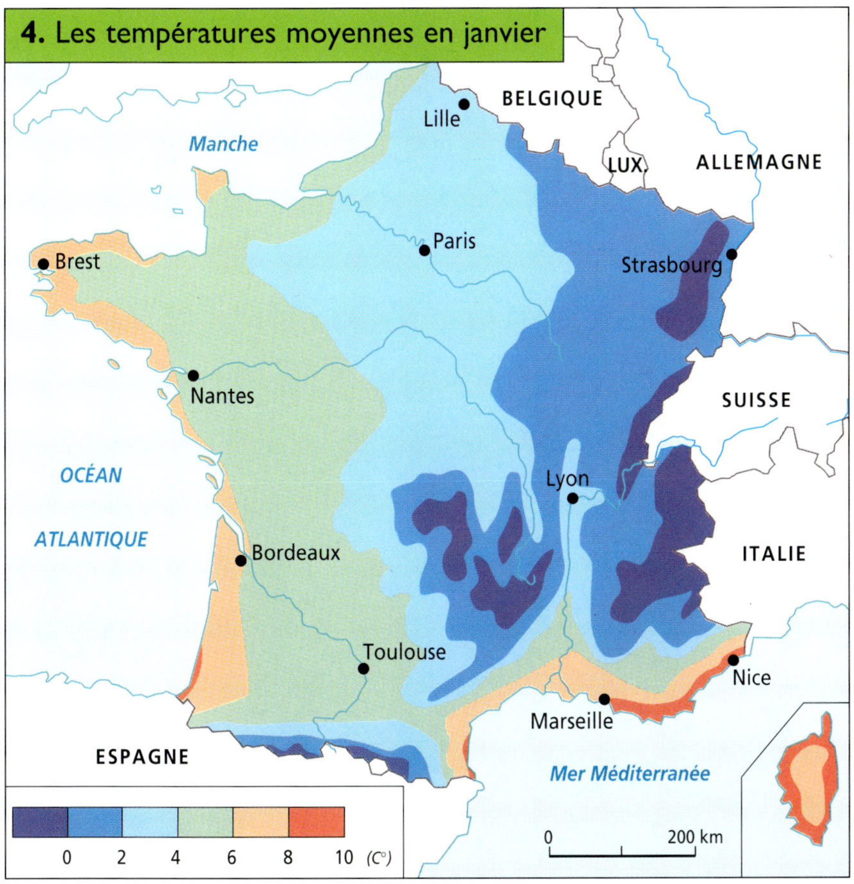

4. Les températures moyennes en janvier

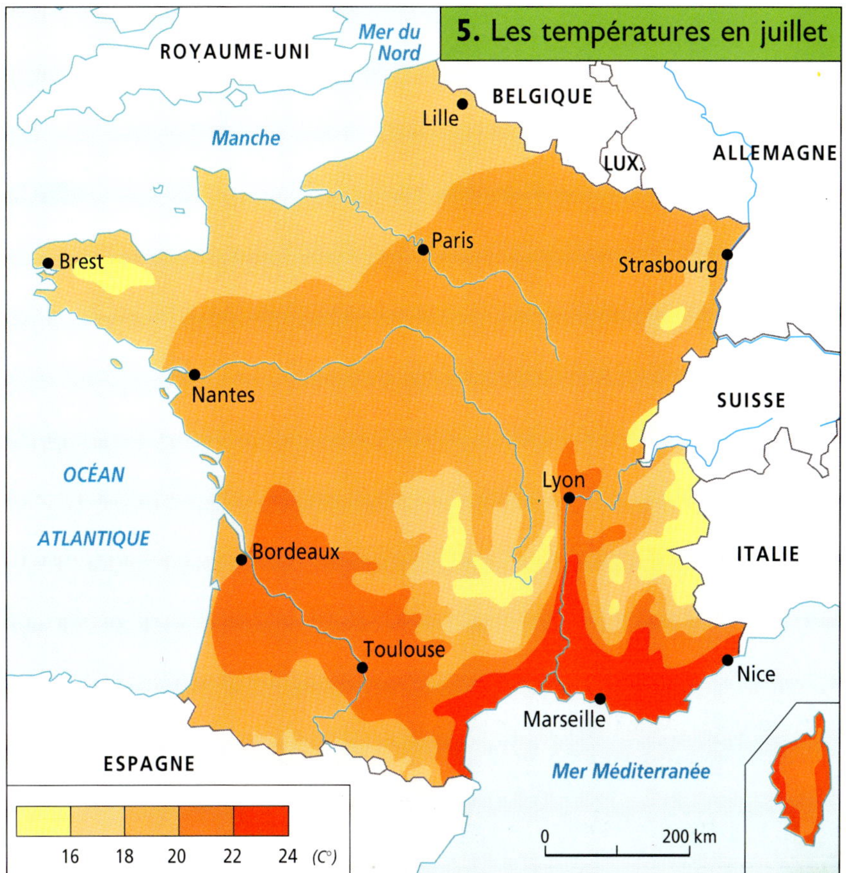

5. Les températures en juillet

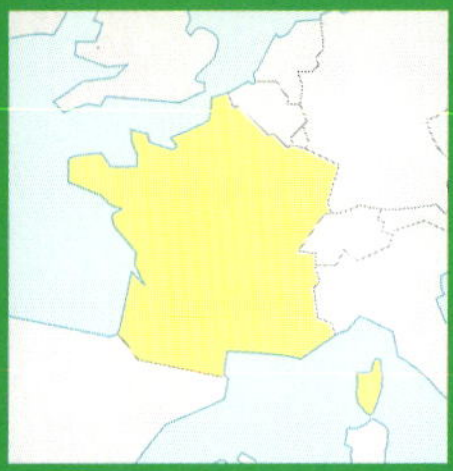

Les climats

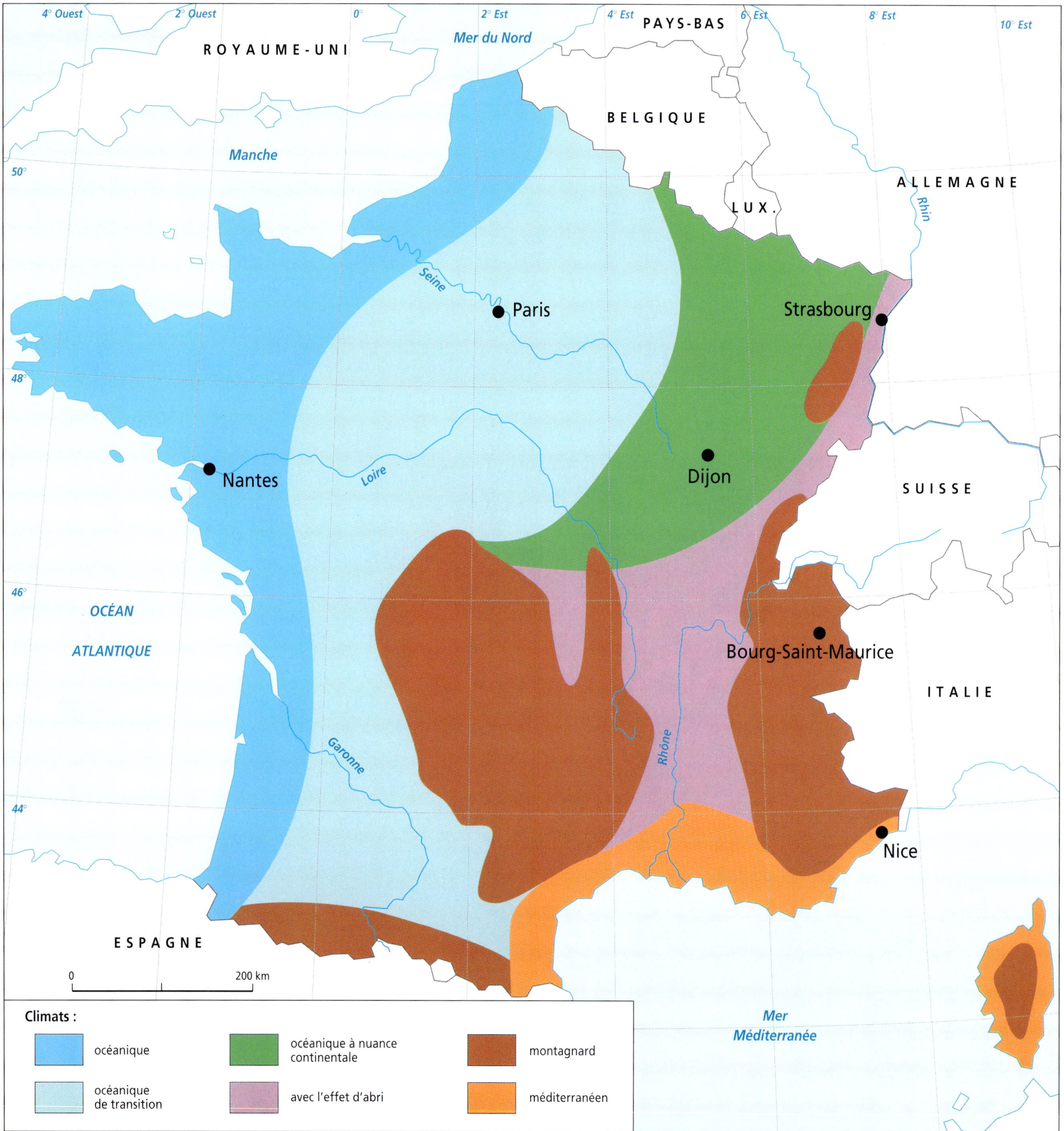

4° Ouest
2° Ouest
0°
2° Est
4° Est
6° Est
8° Est
10° Est
50°
48°
46°
44°
ROYAUME-UNI
PAYS-BAS
BELGIQUE
LUX.
ALLEMAGNE
SUISSE
ITALIE
ESPAGNE
Mer du Nord
Manche
OCÉAN ATLANTIQUE
Mer Méditerranée
Seine
Loire
Garonne
Rhône
Rhin
Paris
Strasbourg
Nantes
Dijon
Bourg-Saint-Maurice
Nice
0
200 km
Climats :
océanique
océanique de transition
océanique à nuance continentale
avec l'effet d'abri
montagnard
méditerranéen

en France

Diagrammes ombrothermiques

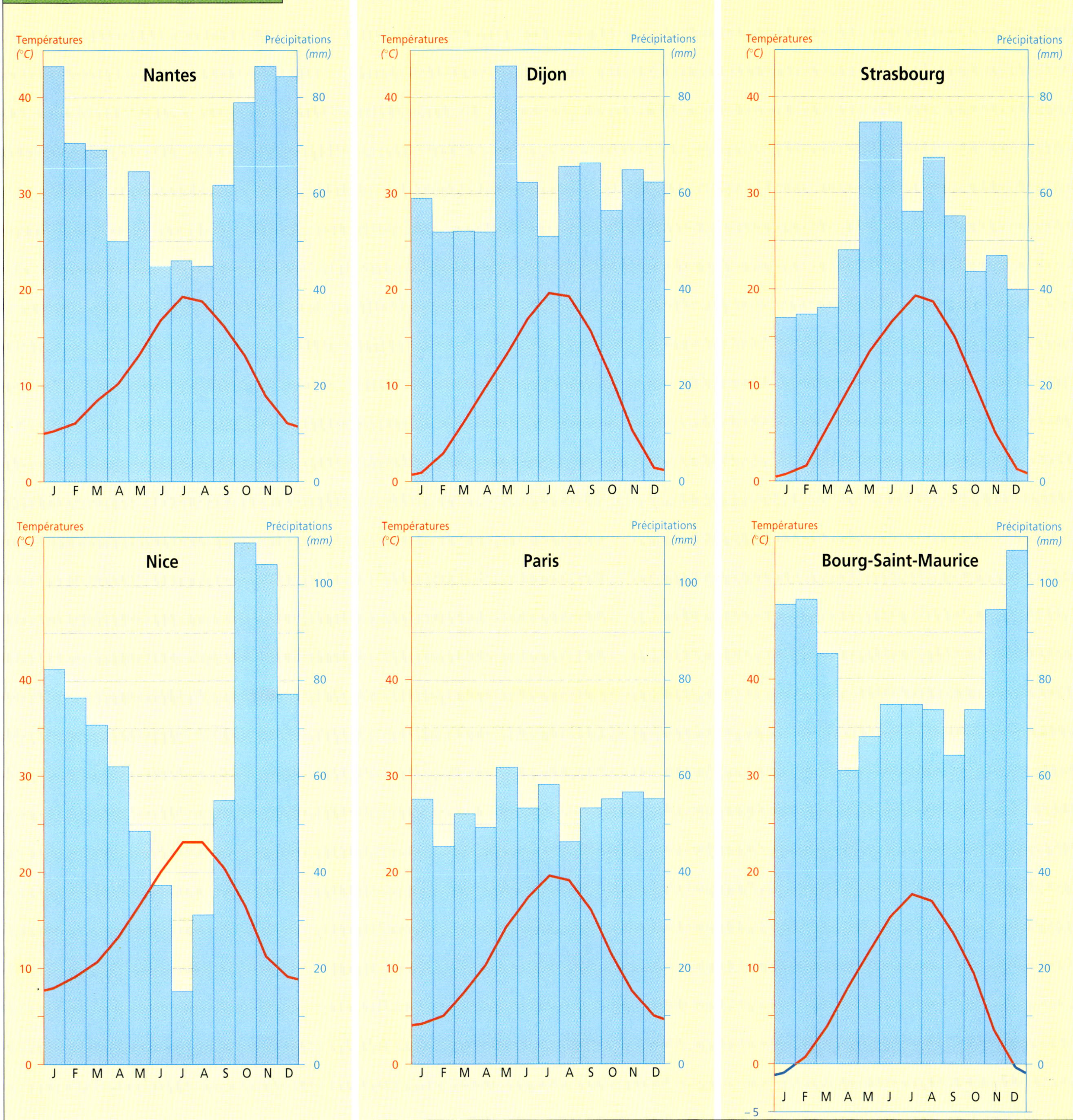

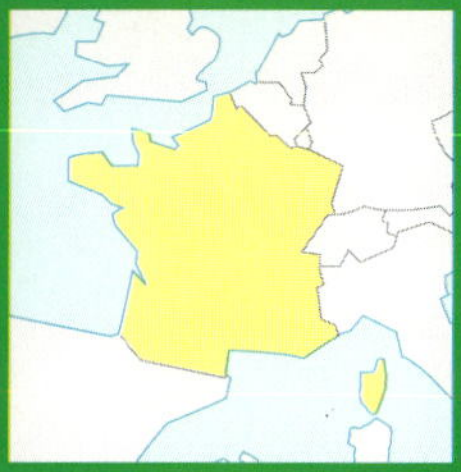

La population

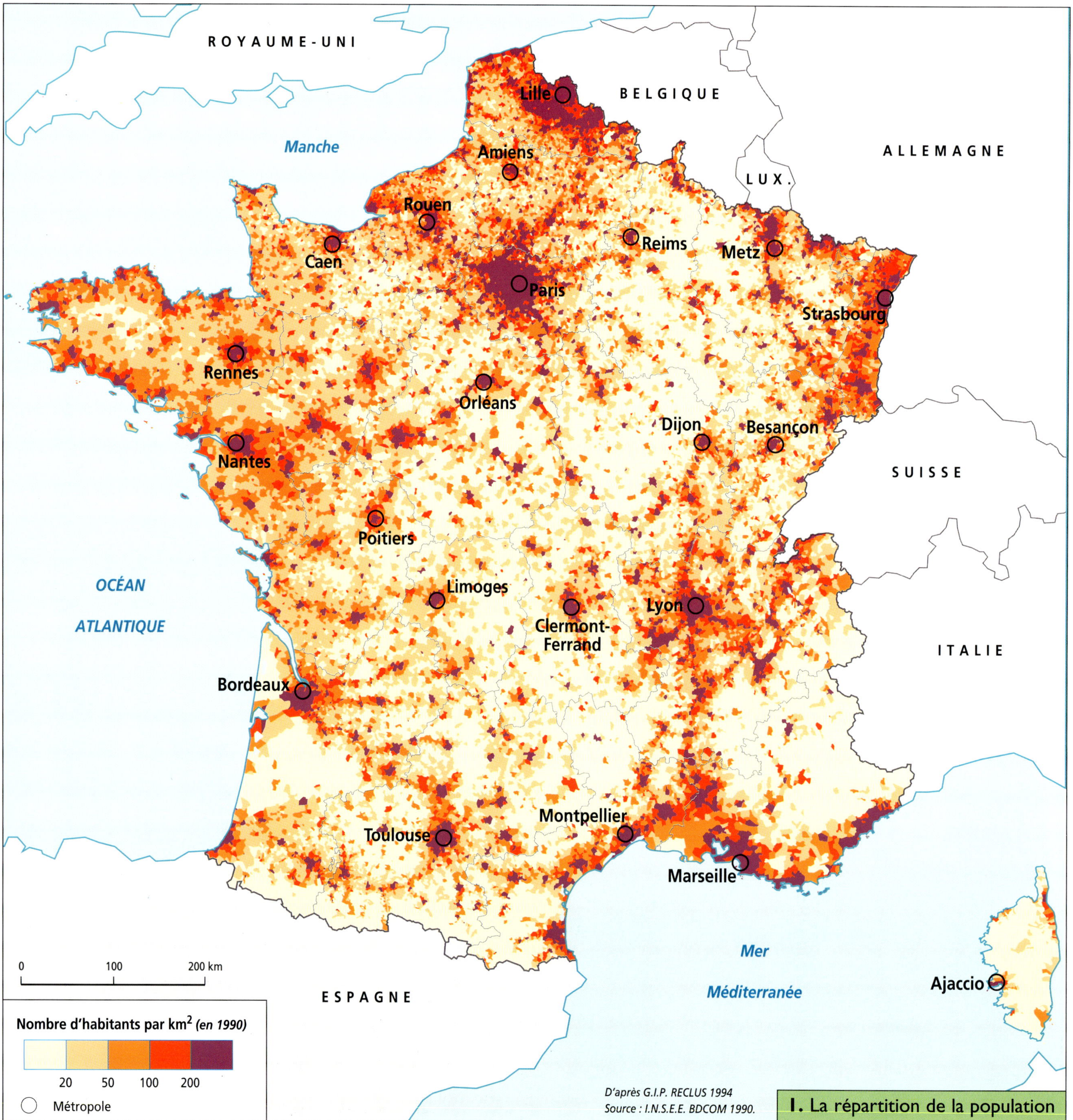

1. La répartition de la population

en France

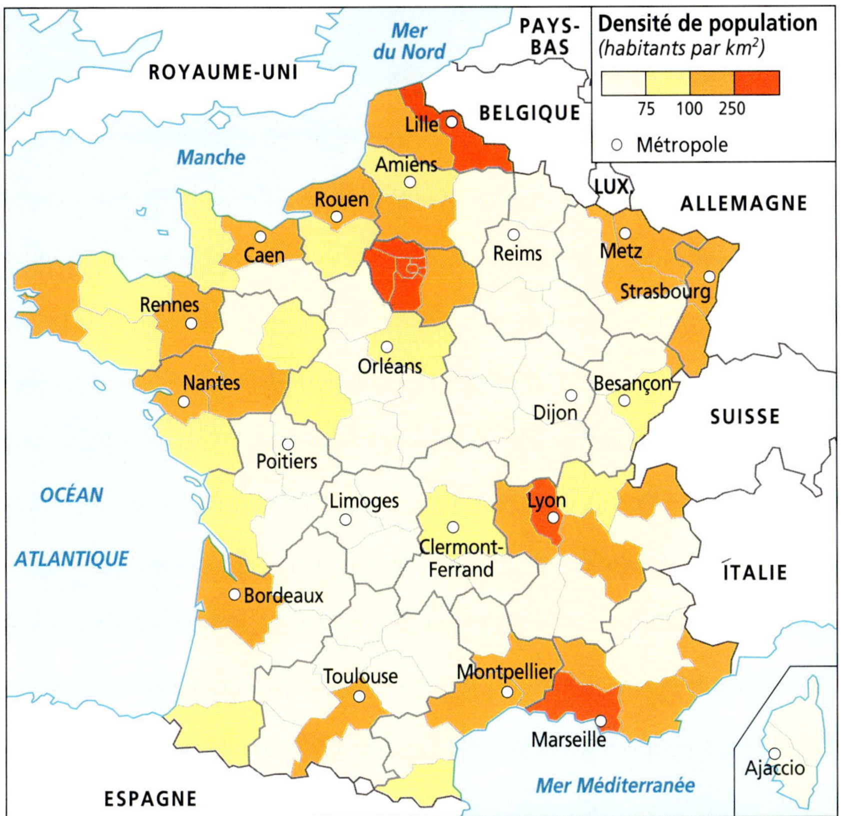

2. La densité de la population en 1995

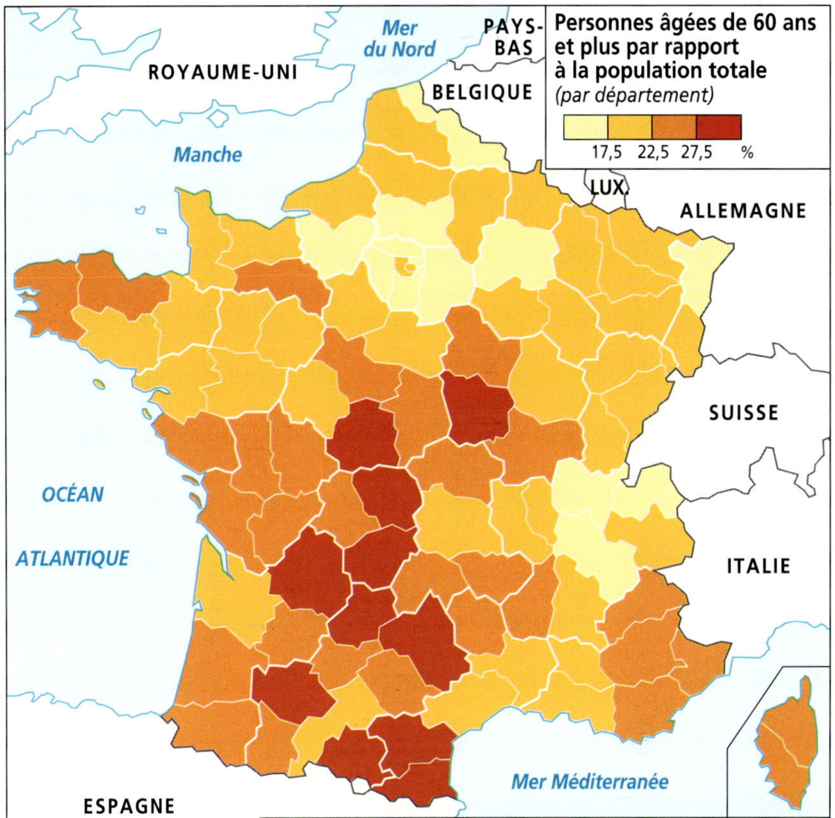

3. Les personnes âgées en France en 1995

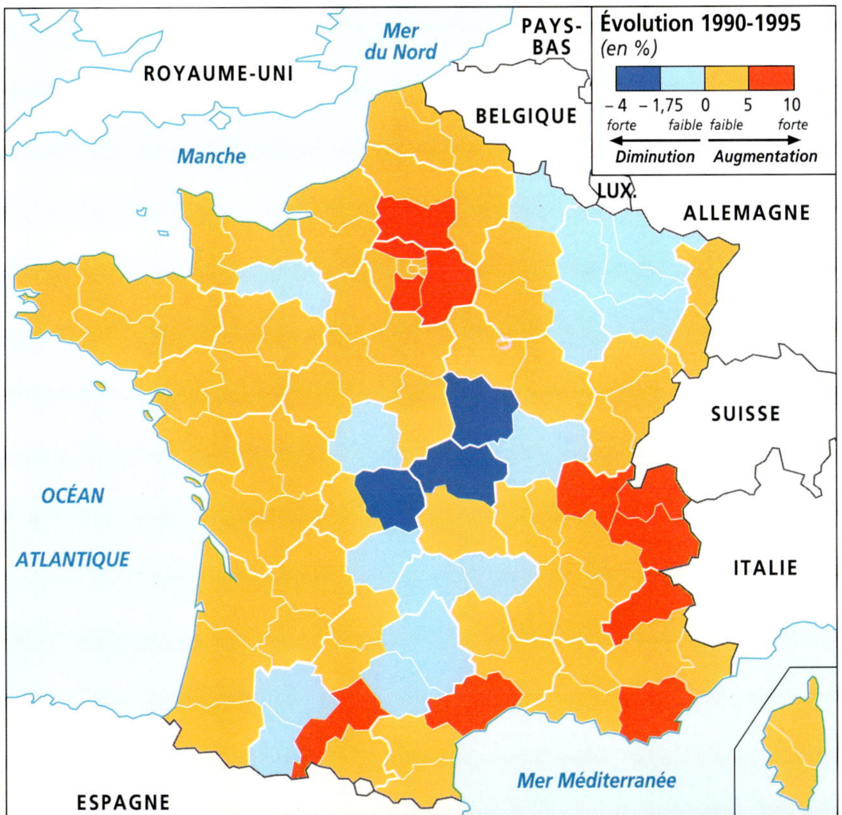

4. Évolution de la population entre 1990 et 1995

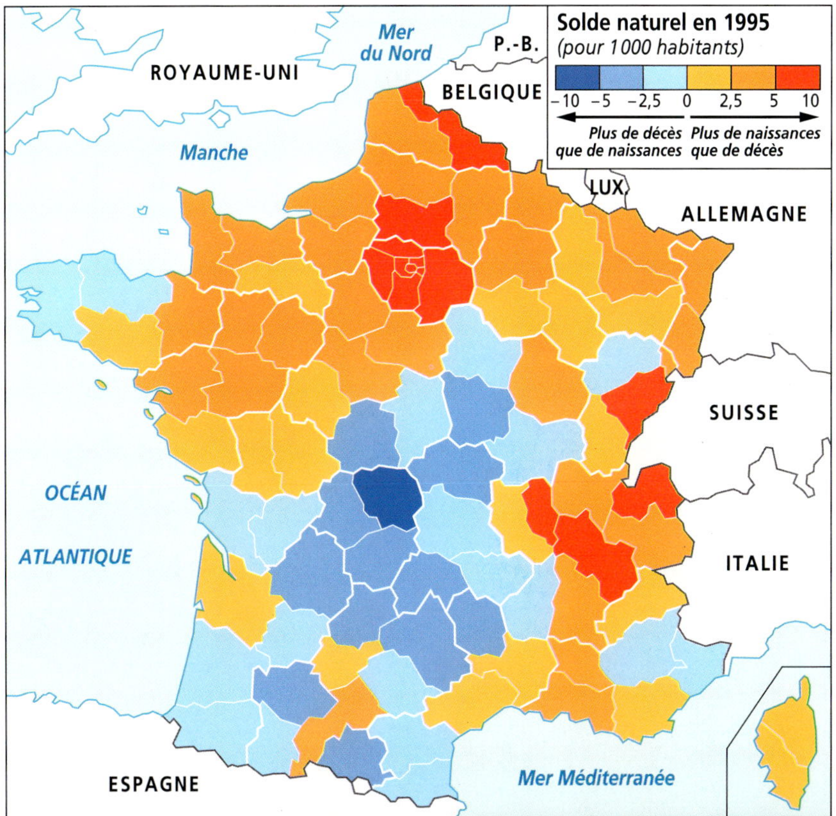

Le solde naturel représente la différence entre le nombre de naissances et le nombre de décès.

5. Le solde naturel en 1995

Les transports

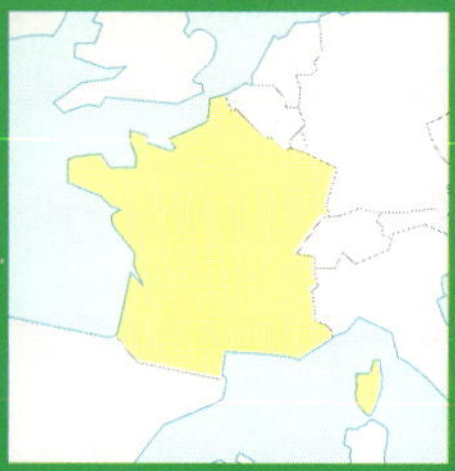

1. Les autoroutes et les routes

en France

2. Réseau T.G.V.

Source : SNCF - Service des Nouvelles Infrastructures et de la Grande Vitesse.

3. Flux de circulation routière

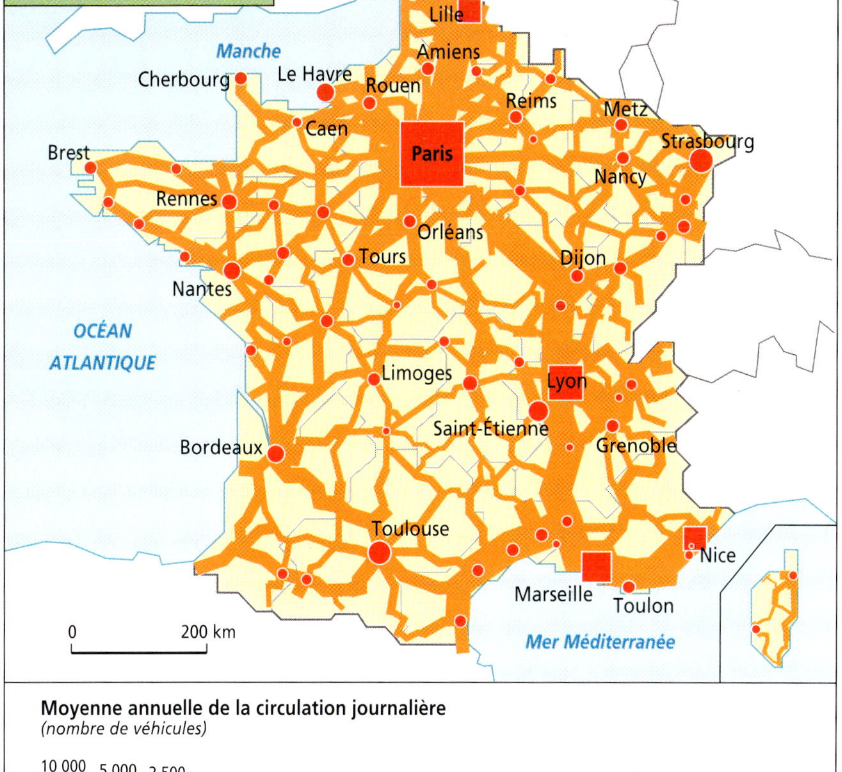

Source : S.E.T.R.A. - 1991 ; d'après G.I.P. RECLUS - 1997.

4. Flux de transports ferroviaires de voyageurs

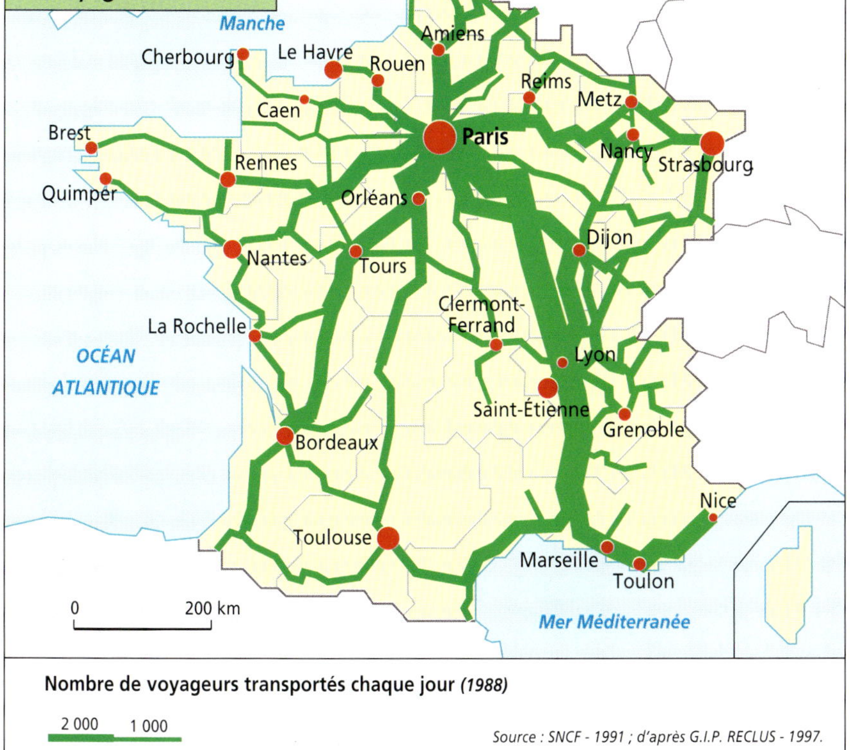

Source : SNCF - 1991 ; d'après G.I.P. RECLUS - 1997.

5. Communication avec l'Europe

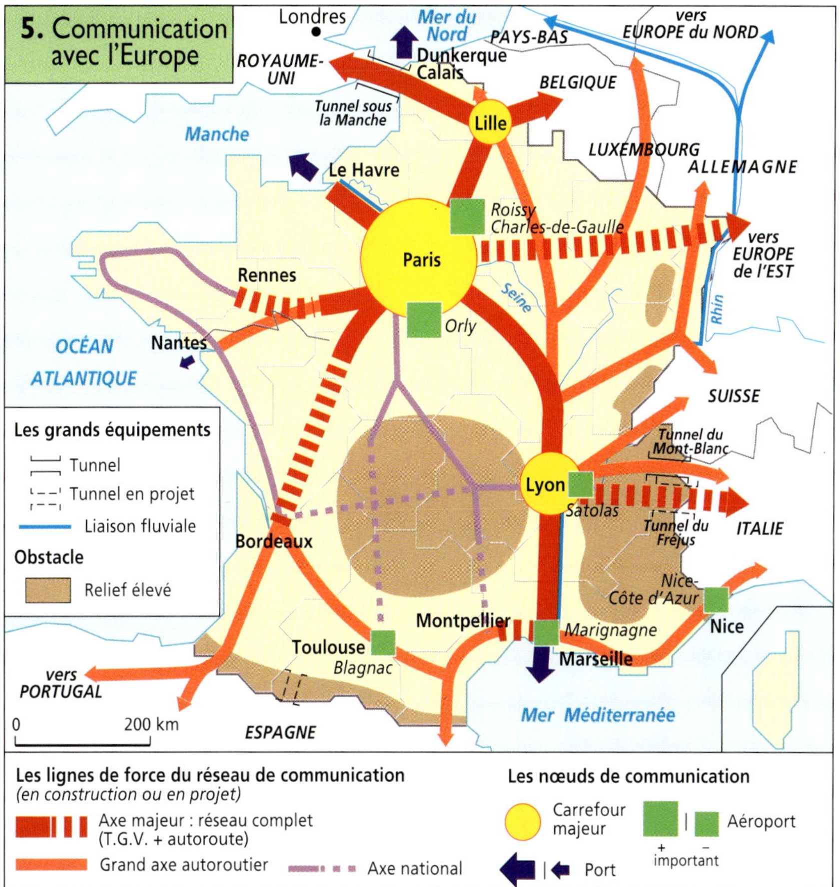

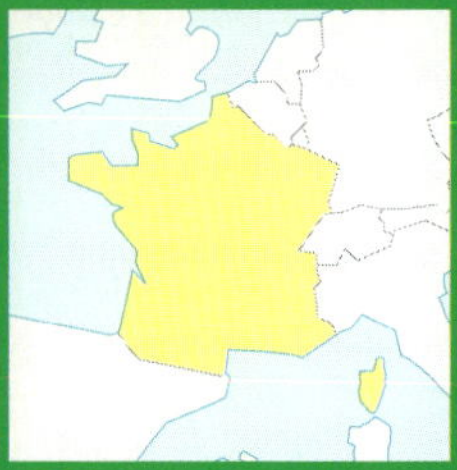

L'énergie

Importation de gaz et de pétrole

Lignes à très haute tension

Exportation d'électricité

Port pétrolier ou gazier

Équipements hydrauliques

Usine hydraulique

Usine marémotrice

Centrales thermiques :

au fioul et charbon

au gaz

Énergie nucléaire

Usine nucléaire

Centrale nucléaire (*nombre de réacteurs*)

Centrale nucléaire en construction

L'industrie

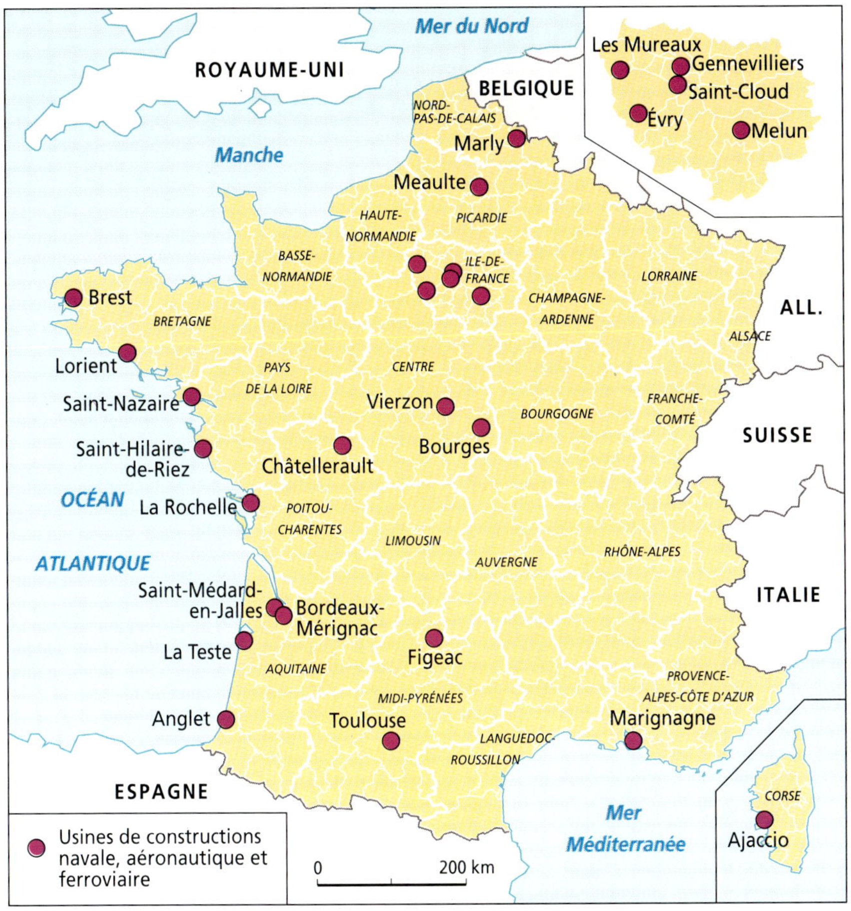

Mer du Nord
ROYAUME-UNI
BELGIQUE
Manche
NORD-PAS-DE-CALAIS
Marly
Meaulte
HAUTE-NORMANDIE
PICARDIE
BASSE-NORMANDIE
ÎLE-DE-FRANCE
CHAMPAGNE-ARDENNE
LORRAINE
ALL.
ALSACE
Brest
BRETAGNE
Lorient
Saint-Nazaire
PAYS DE LA LOIRE
CENTRE
Vierzon
BOURGOGNE
FRANCHE-COMTÉ
SUISSE
Bourges
Saint-Hilaire-de-Riez
Châtellerault
OCÉAN
La Rochelle
POITOU-CHARENTES
LIMOUSIN
ATLANTIQUE
AUVERGNE
RHÔNE-ALPES
Saint-Médard-en-Jalles
Bordeaux-Mérignac
ITALIE
La Teste
Figeac
AQUITAINE
PROVENCE-ALPES-CÔTE D'AZUR
MIDI-PYRÉNÉES
Anglet
Toulouse
LANGUEDOC-ROUSSILLON
Marignagne
ESPAGNE
CORSE
Ajaccio
Mer Méditerranée
Les Mureaux
Gennevilliers
Saint-Cloud
Évry
Melun
Usines de constructions navale, aéronautique et ferroviaire
0
200 km

Mer du Nord
ROYAUME-UNI
BELGIQUE
Trith-Saint-Léger
Lille
Douai
Manche
Saint-Romain
Montataire
Cléon
Hagondange
Caen
Metz
ALL.
Strasbourg
Dreux
Rennes
Le Mans
Mulhouse
Romorantin
Vesoul
Dijon
Sochaux-Montbéliard
SUISSE
Bourg-en-Bresse
OCÉAN
Limoges
Vénissieux
ATLANTIQUE
ITALIE
Annonay
Blanquefort
Mer Méditerranée
ESPAGNE
Poissy
Aulnay-sous-Bois
Aubergenville
Vélizy
Usine automobile

Mer du Nord
PAYS-BAS
ROYAUME-UNI
Béthune
BELGIQUE
ALLEMAGNE
Manche
Amiens
LUX.
La Chapelle-Saint-Luc
Toul
Vannes
Joué-lès-Tours
Cholet
Nevers
Saint-Doulchard
Blanzy
SUISSE
La Roche-sur-Yon
Poitiers
Decize
OCÉAN
Montluçon
Clermont-Ferrand
ATLANTIQUE
ITALIE
ESPAGNE
Mer Méditerranée
Usine de pneumatiques

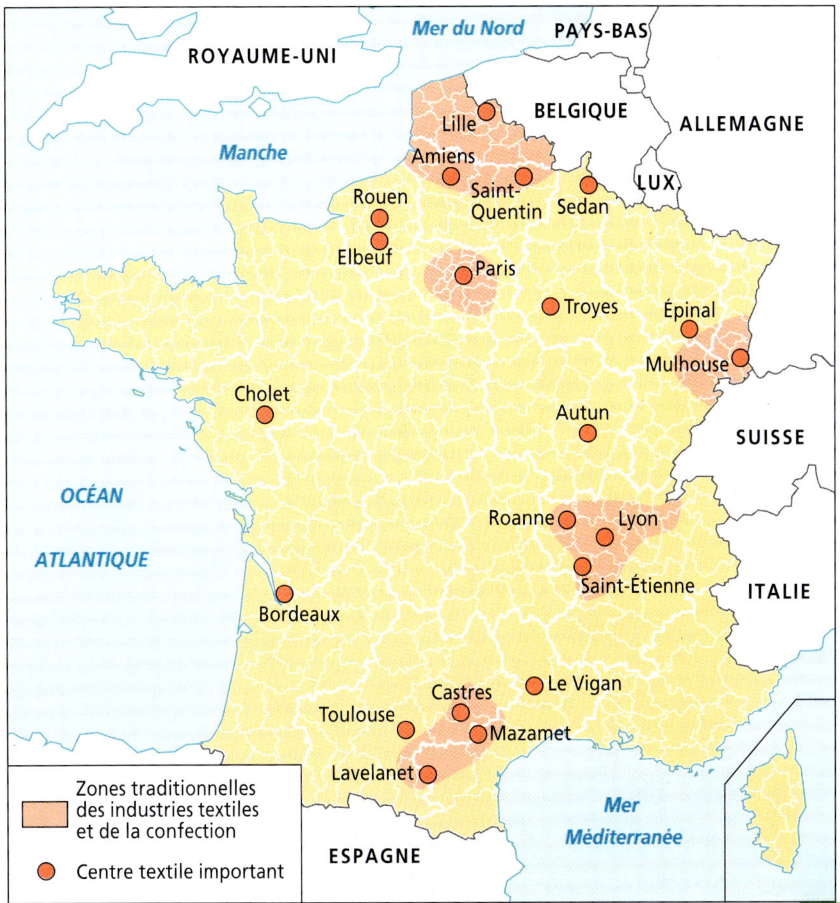

Mer du Nord
PAYS-BAS
ROYAUME-UNI
Lille
BELGIQUE
ALLEMAGNE
Manche
Amiens
LUX.
Rouen
Saint-Quentin
Sedan
Elbeuf
Paris
Troyes
Épinal
Mulhouse
Cholet
Autun
SUISSE
OCÉAN
Roanne
Lyon
ATLANTIQUE
Saint-Étienne
ITALIE
Bordeaux
Le Vigan
Castres
Toulouse
Mazamet
Lavelanet
Zones traditionnelles des industries textiles et de la confection
Centre textile important
ESPAGNE
Mer Méditerranée

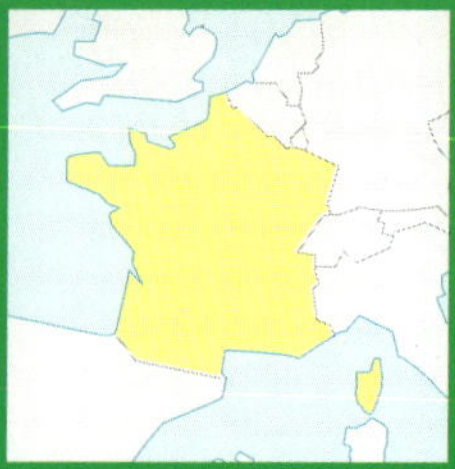

Les productions

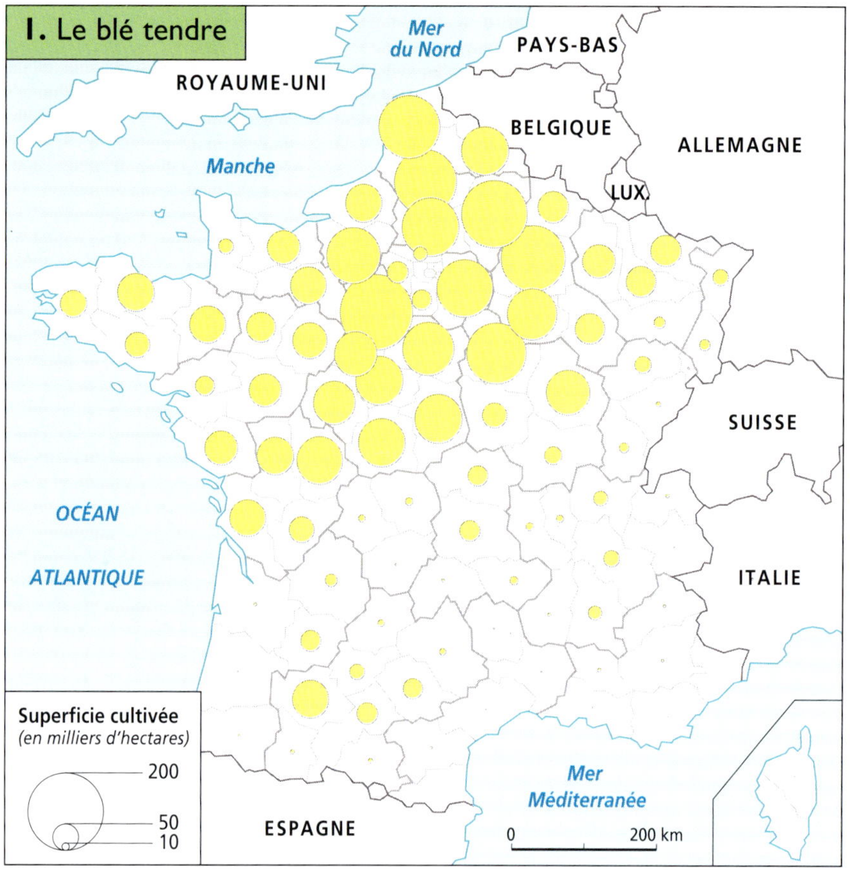

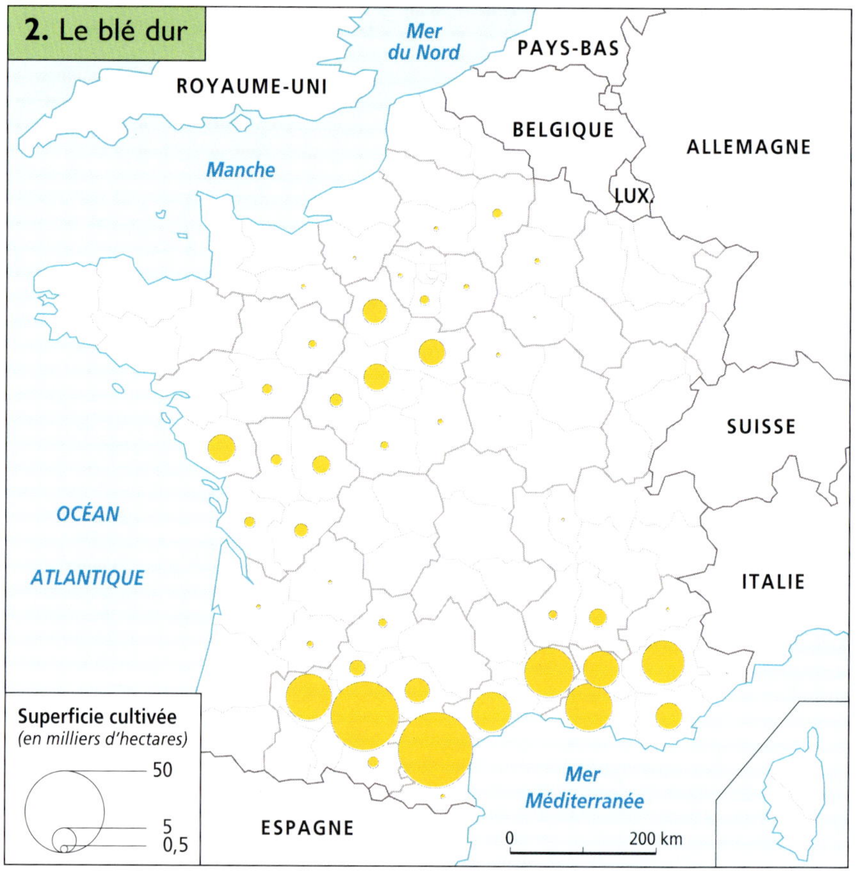

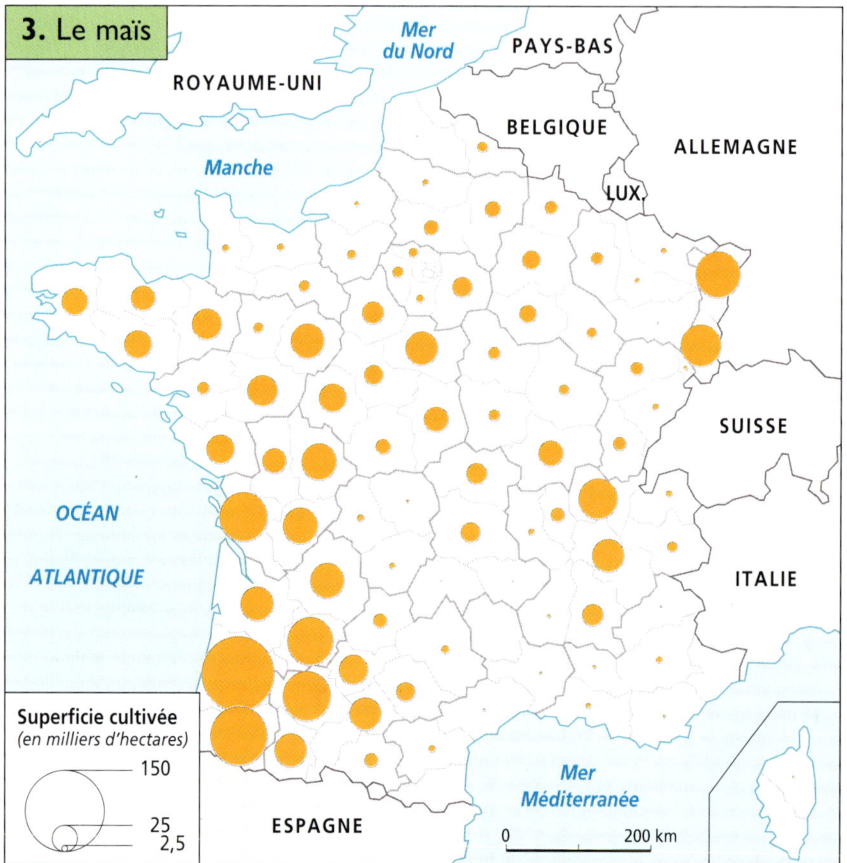

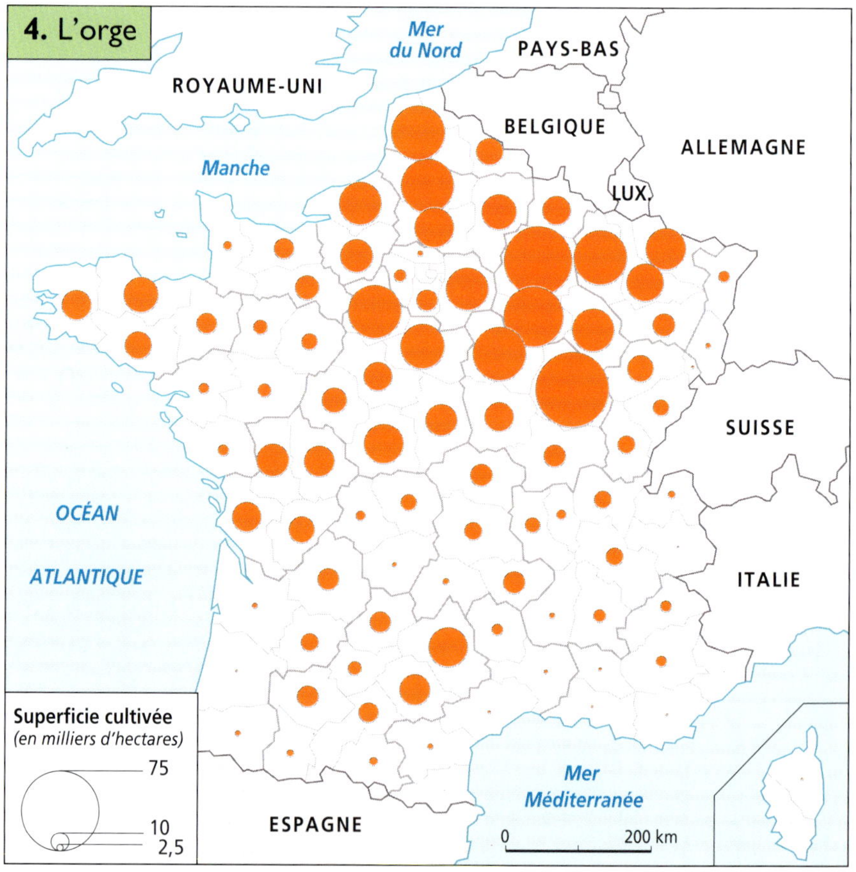

de céréales

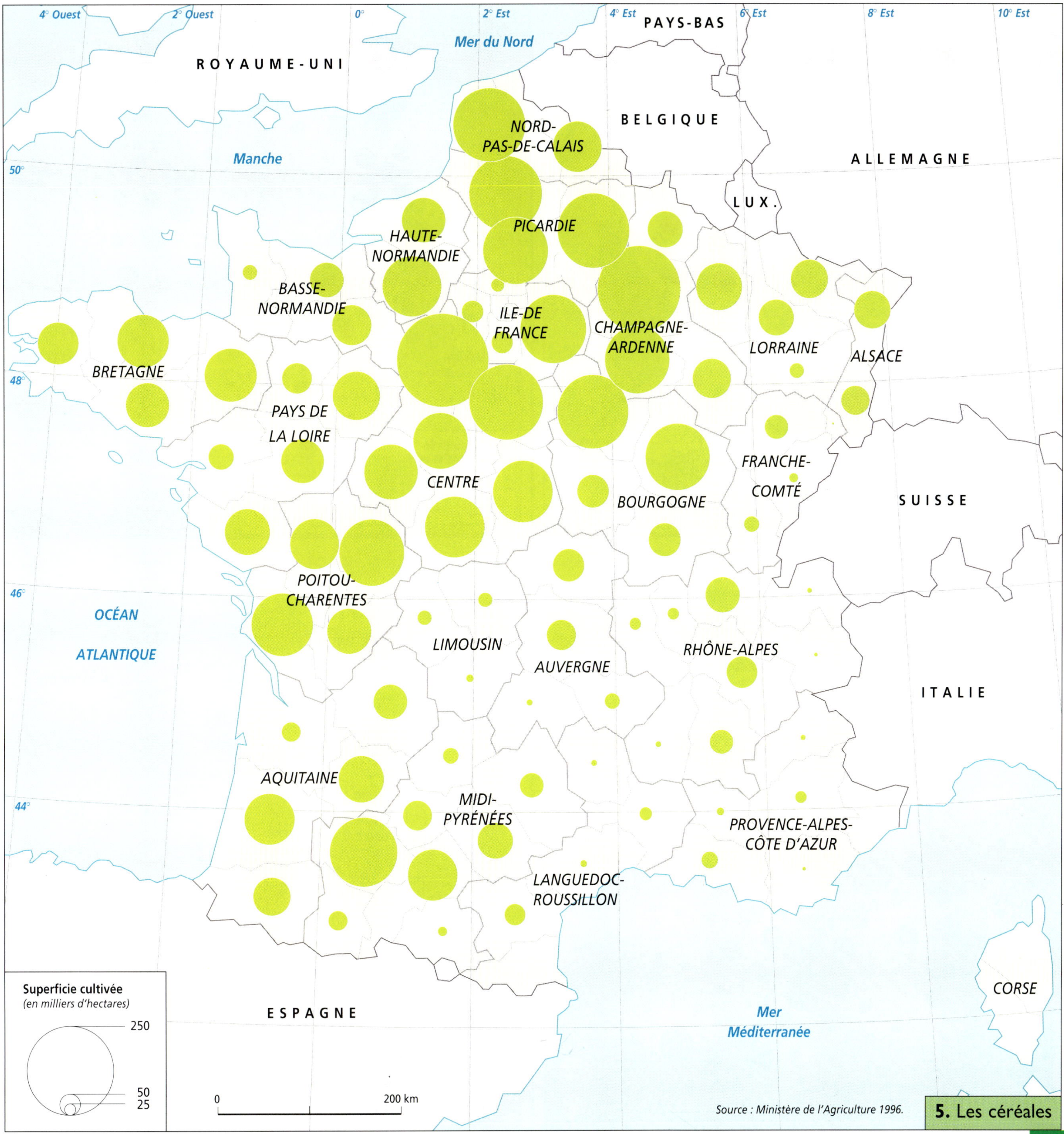

5. Les céréales

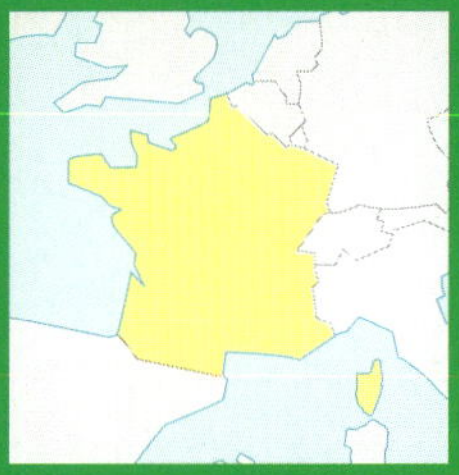

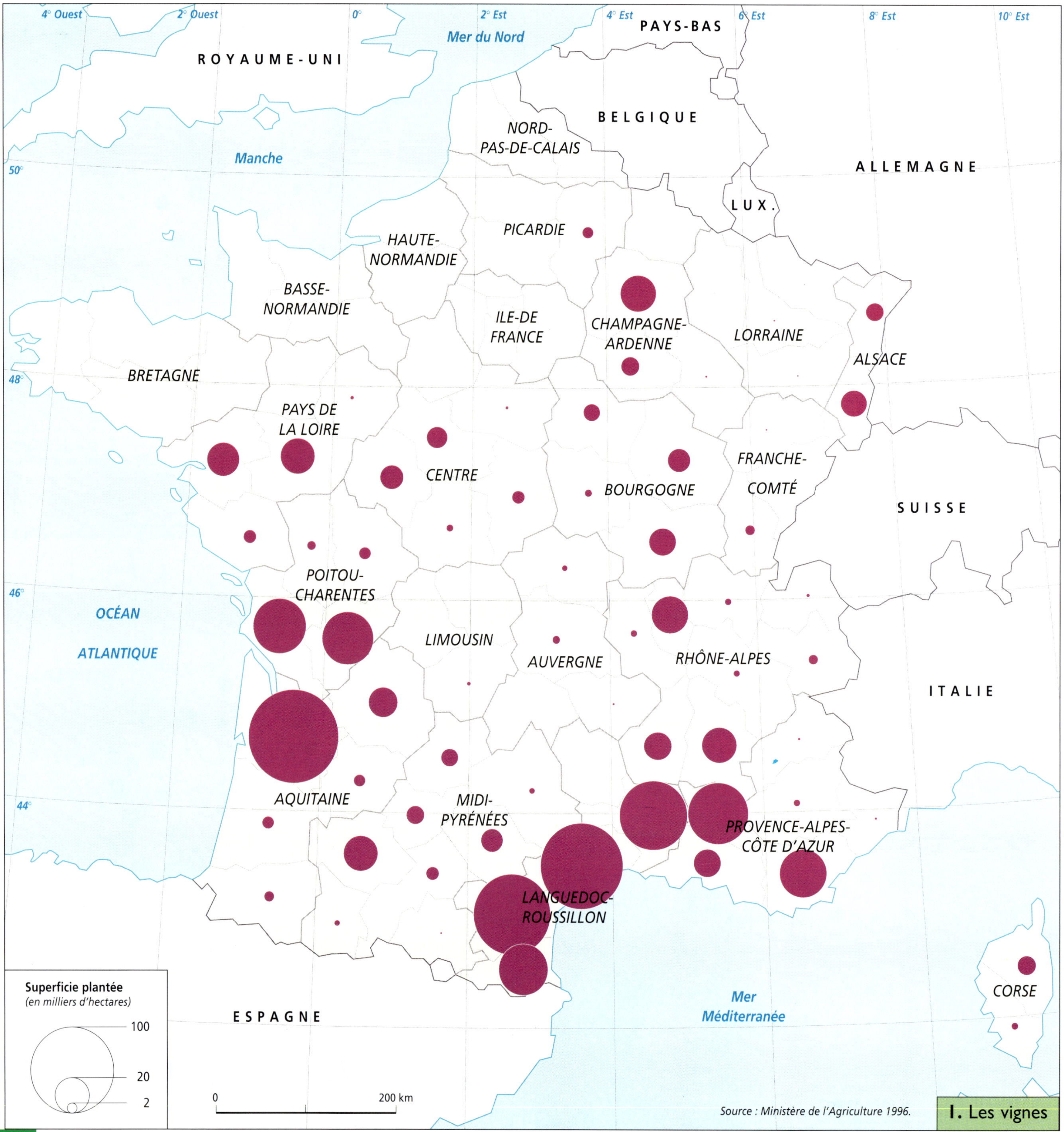
4° Ouest
2° Ouest
0°
2° Est
4° Est
6° Est
8° Est
10° Est
50°
48°
46°
44°
Mer du Nord
Manche
OCÉAN ATLANTIQUE
Mer Méditerranée
ROYAUME-UNI
PAYS-BAS
BELGIQUE
ALLEMAGNE
LUX.
SUISSE
ITALIE
ESPAGNE
NORD-PAS-DE-CALAIS
PICARDIE
HAUTE-NORMANDIE
BASSE-NORMANDIE
ILE-DE FRANCE
CHAMPAGNE-ARDENNE
LORRAINE
ALSACE
BRETAGNE
PAYS DE LA LOIRE
CENTRE
BOURGOGNE
FRANCHE-COMTÉ
POITOU-CHARENTES
LIMOUSIN
AUVERGNE
RHÔNE-ALPES
AQUITAINE
MIDI-PYRÉNÉES
LANGUEDOC-ROUSSILLON
PROVENCE-ALPES-CÔTE D'AZUR
CORSE
Superficie plantée
(en milliers d'hectares)
100
20
2
0
200 km
Source : Ministère de l'Agriculture 1996.

1. Les vignes

les autres cultures

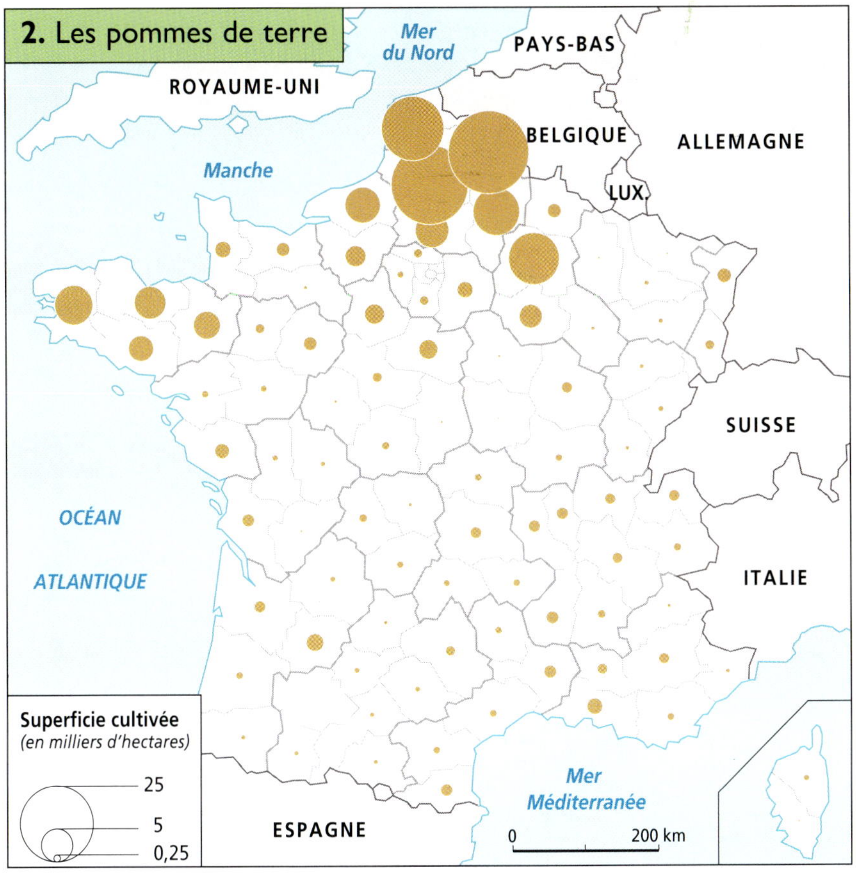

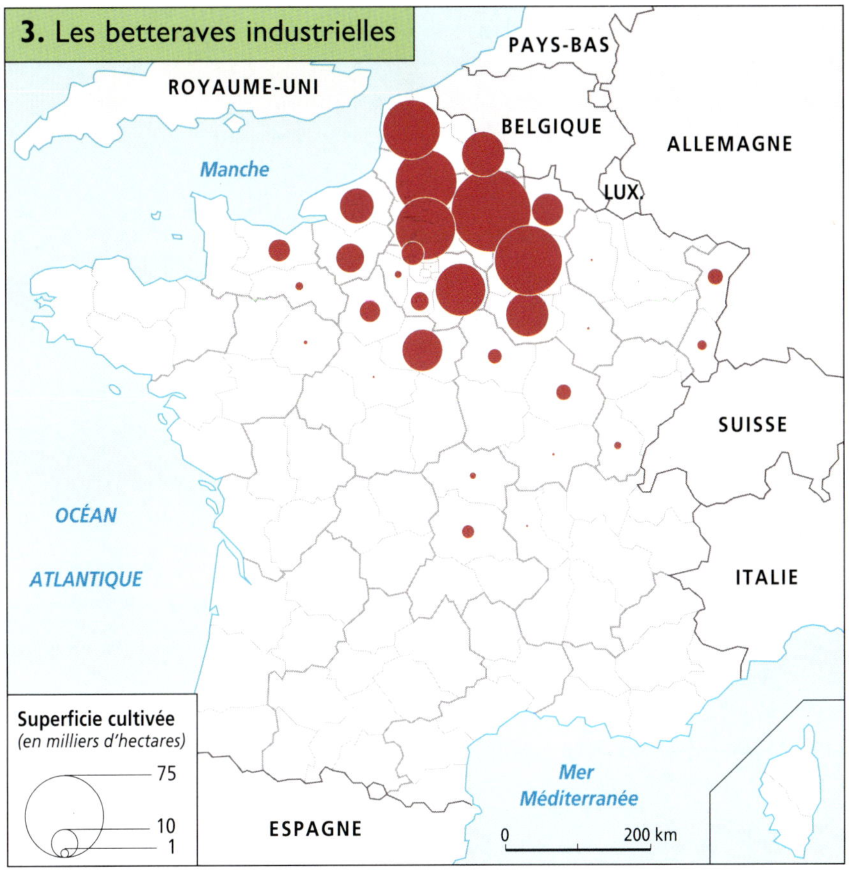

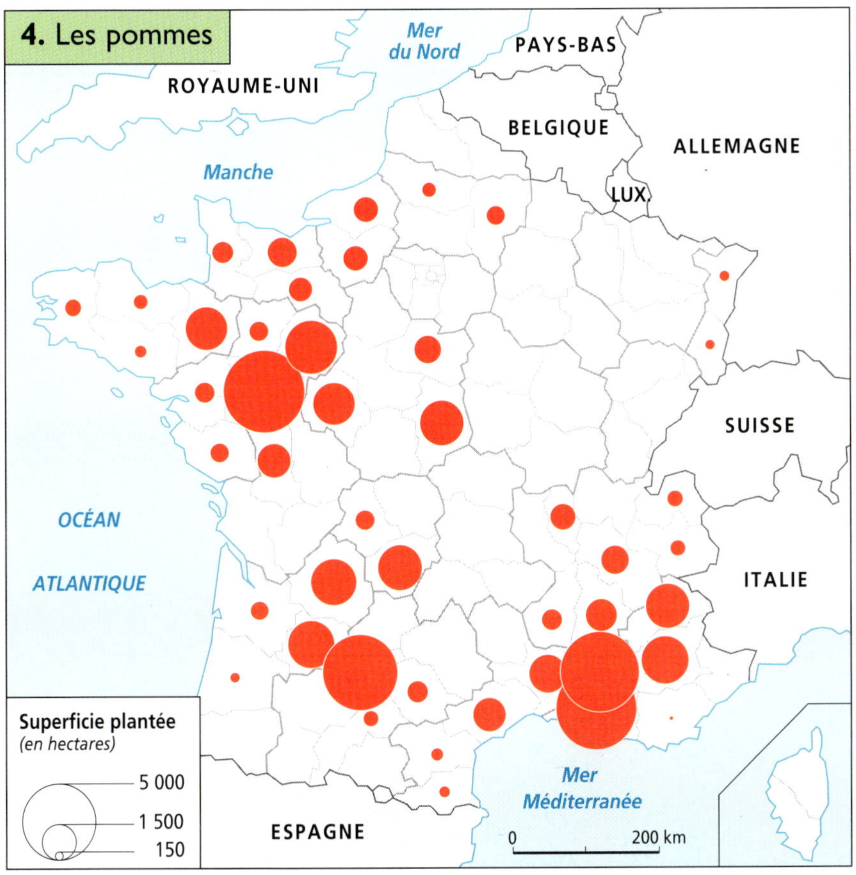

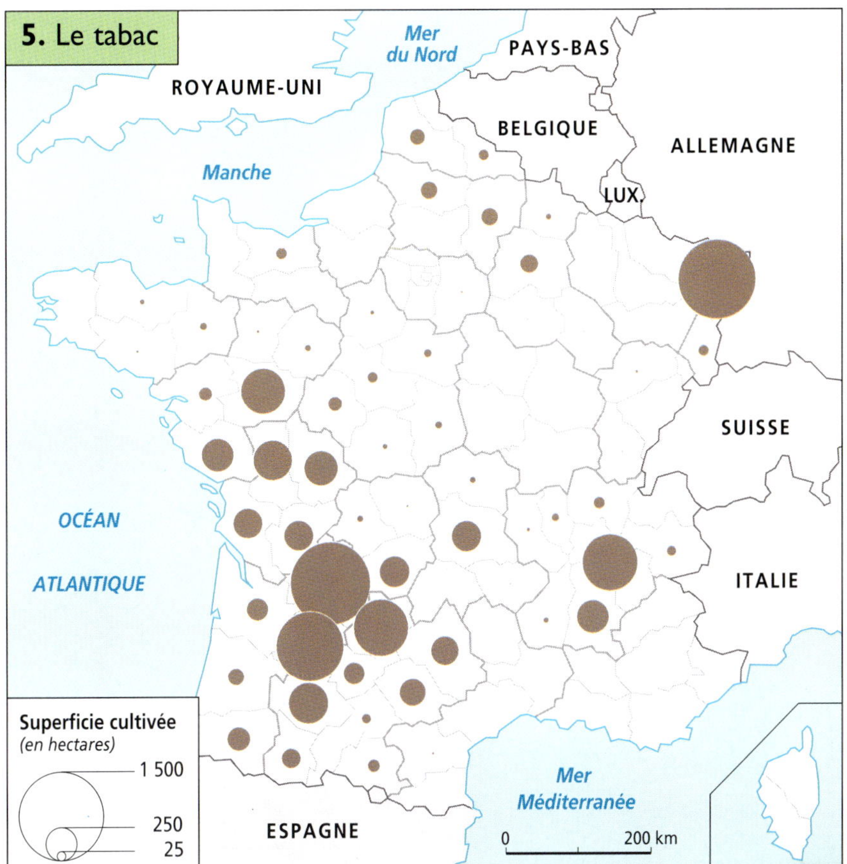

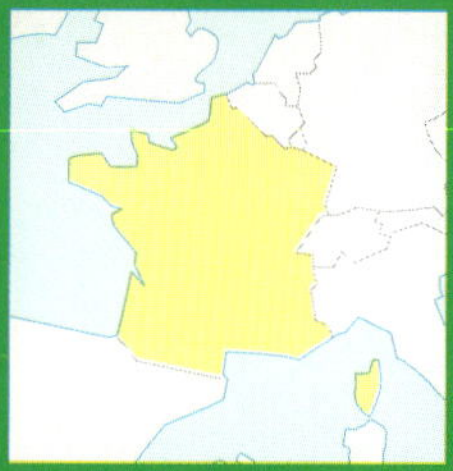

Veaux, porcs, chèvres,

1. Les veaux

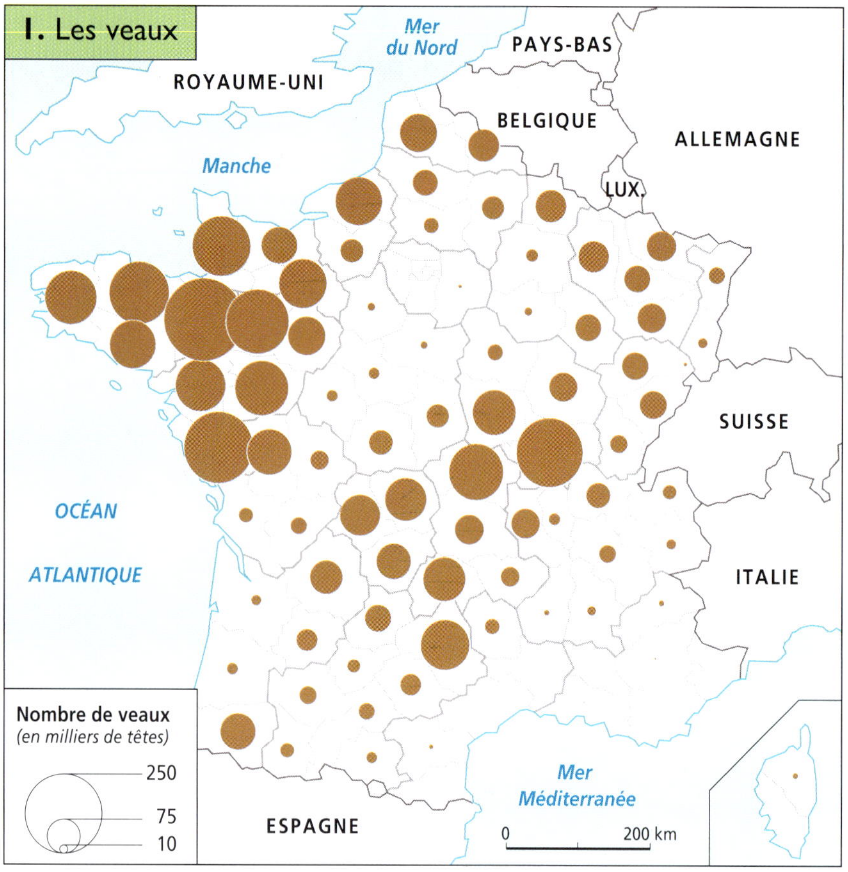

2. Les porcs

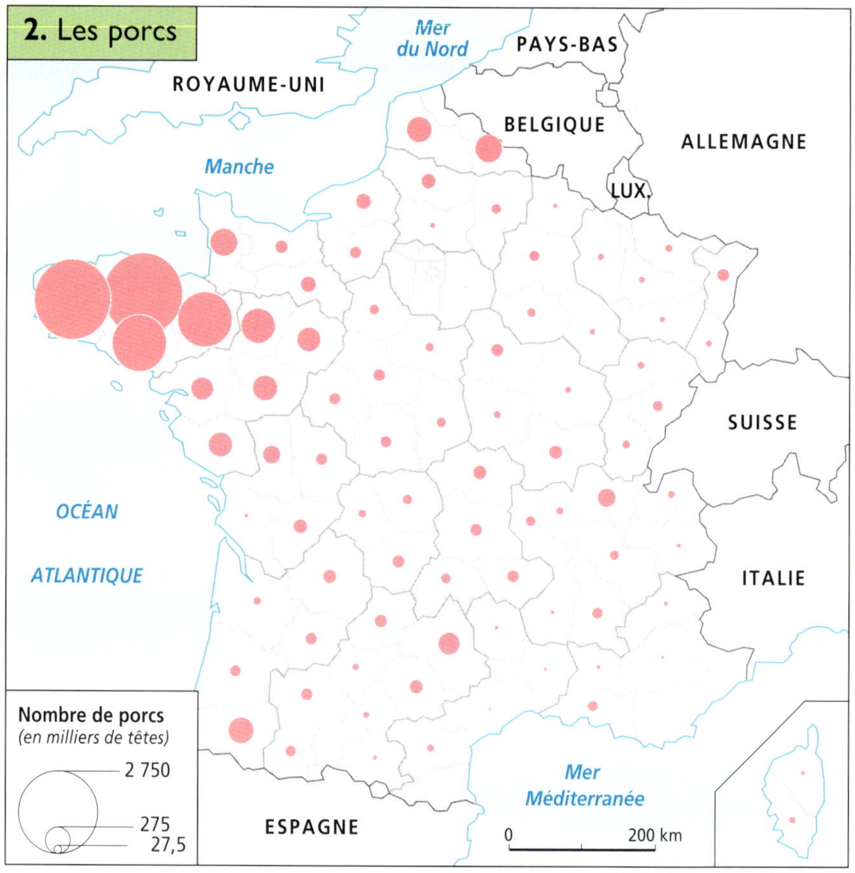

3. Les chèvres

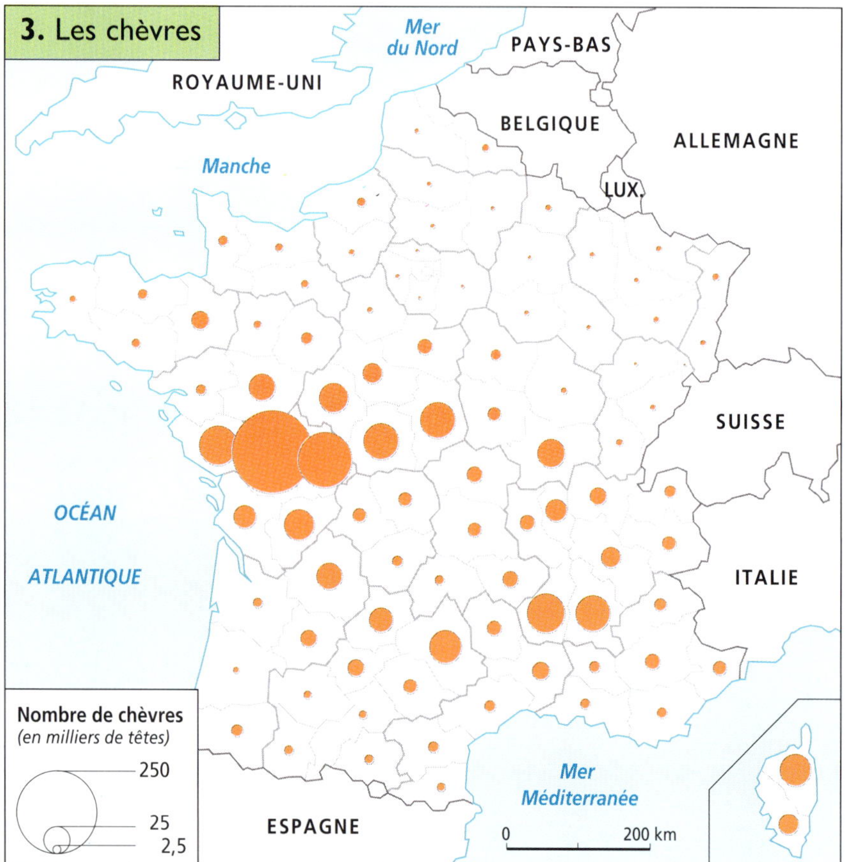

4. Les brebis

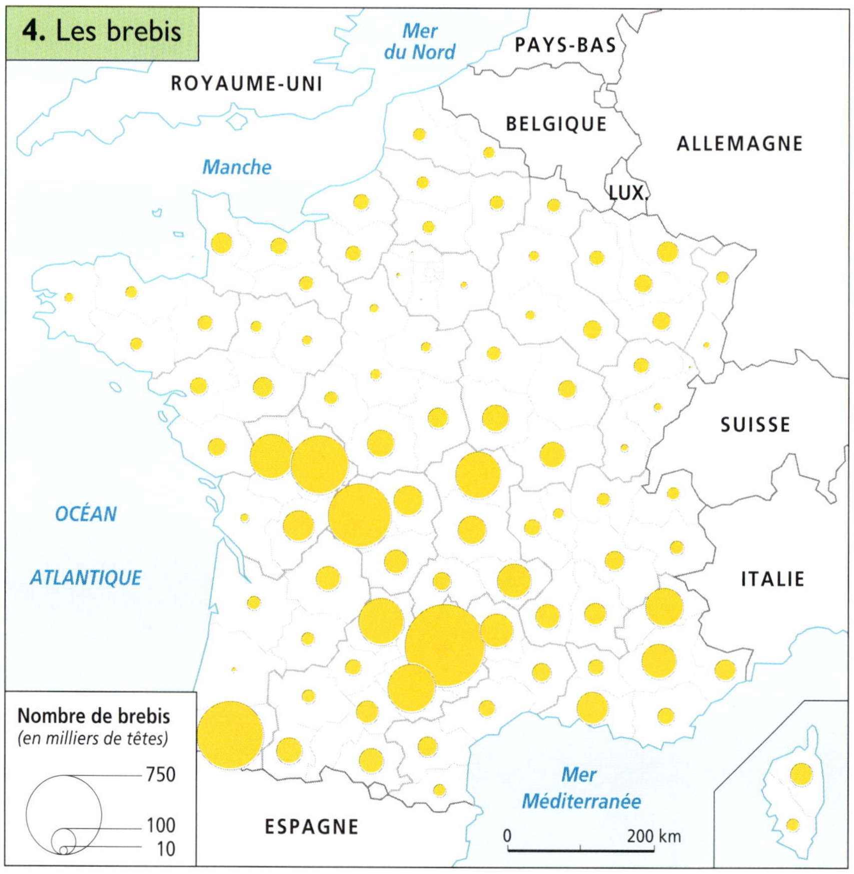

brebis et vaches

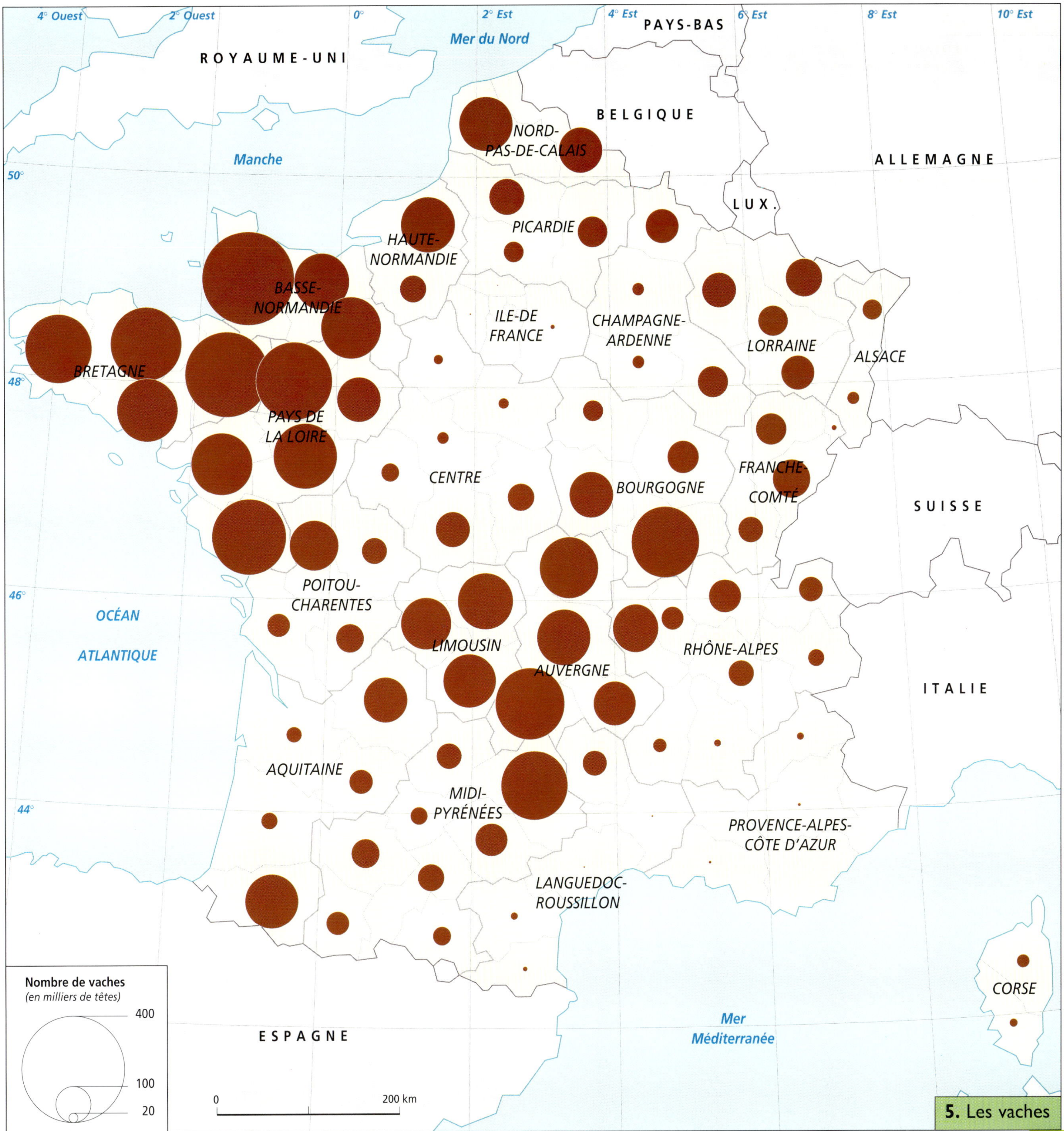

5. Les vaches

Les volailles

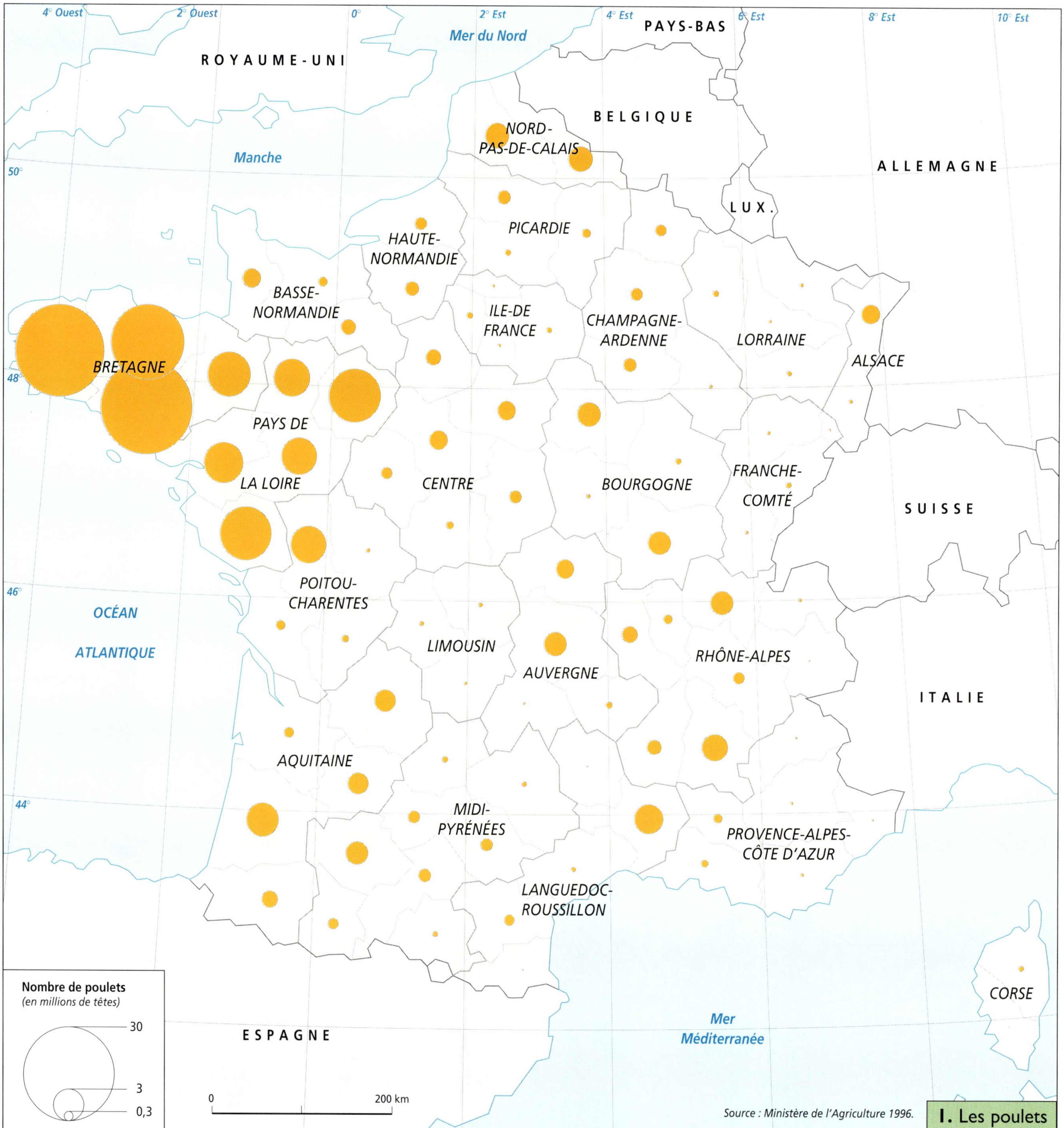

1. Les poulets

et les lapins

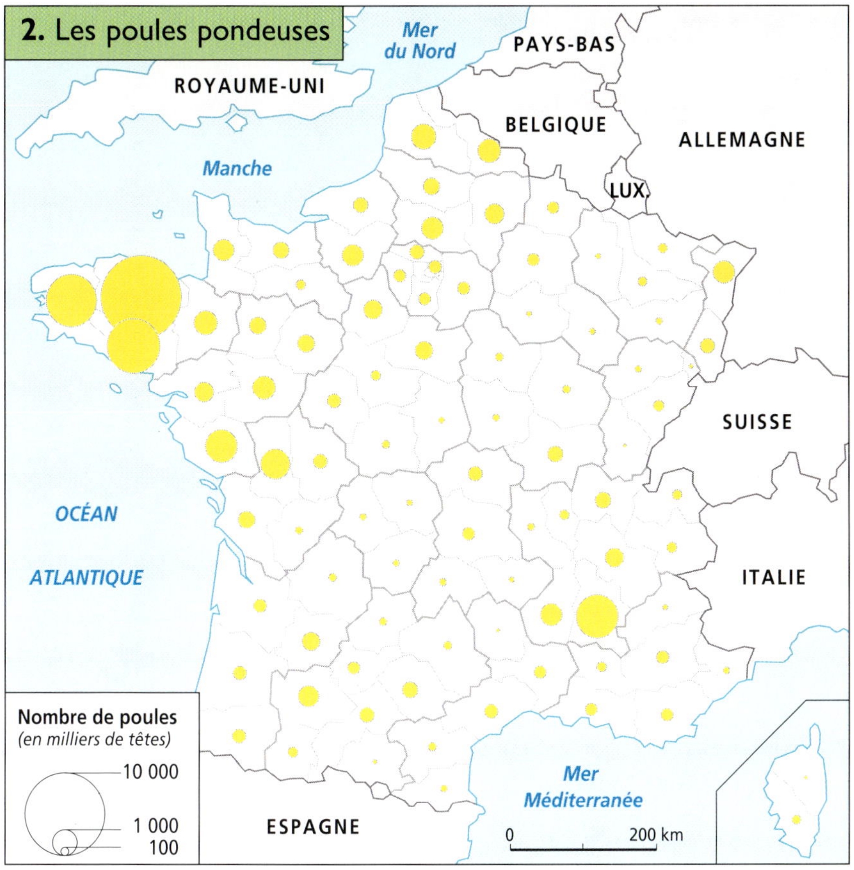

2. Les poules pondeuses

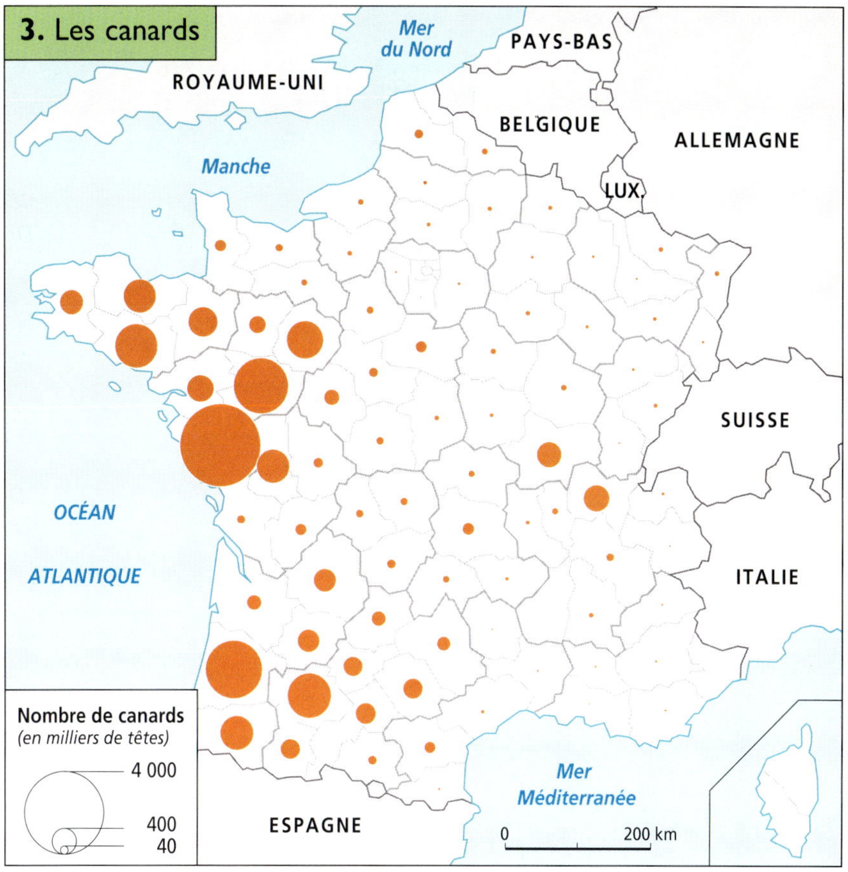

3. Les canards

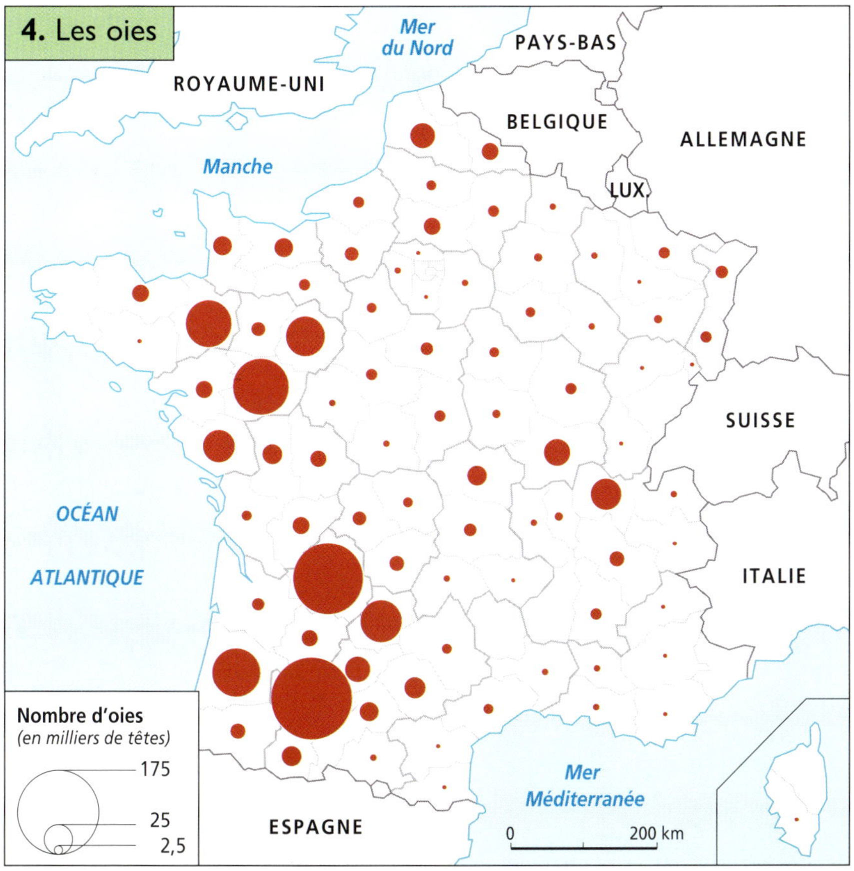

4. Les oies

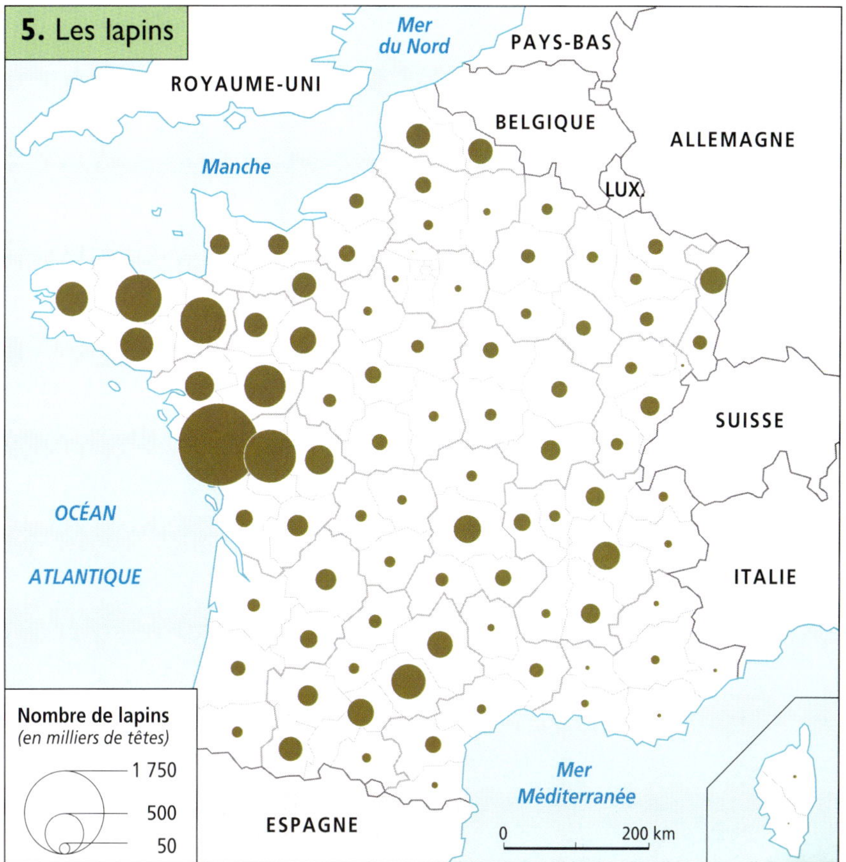

5. Les lapins

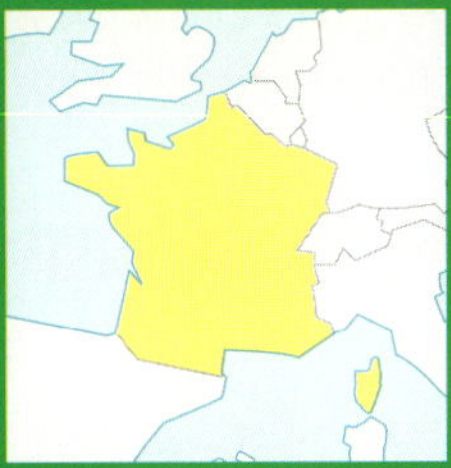

Les paysages

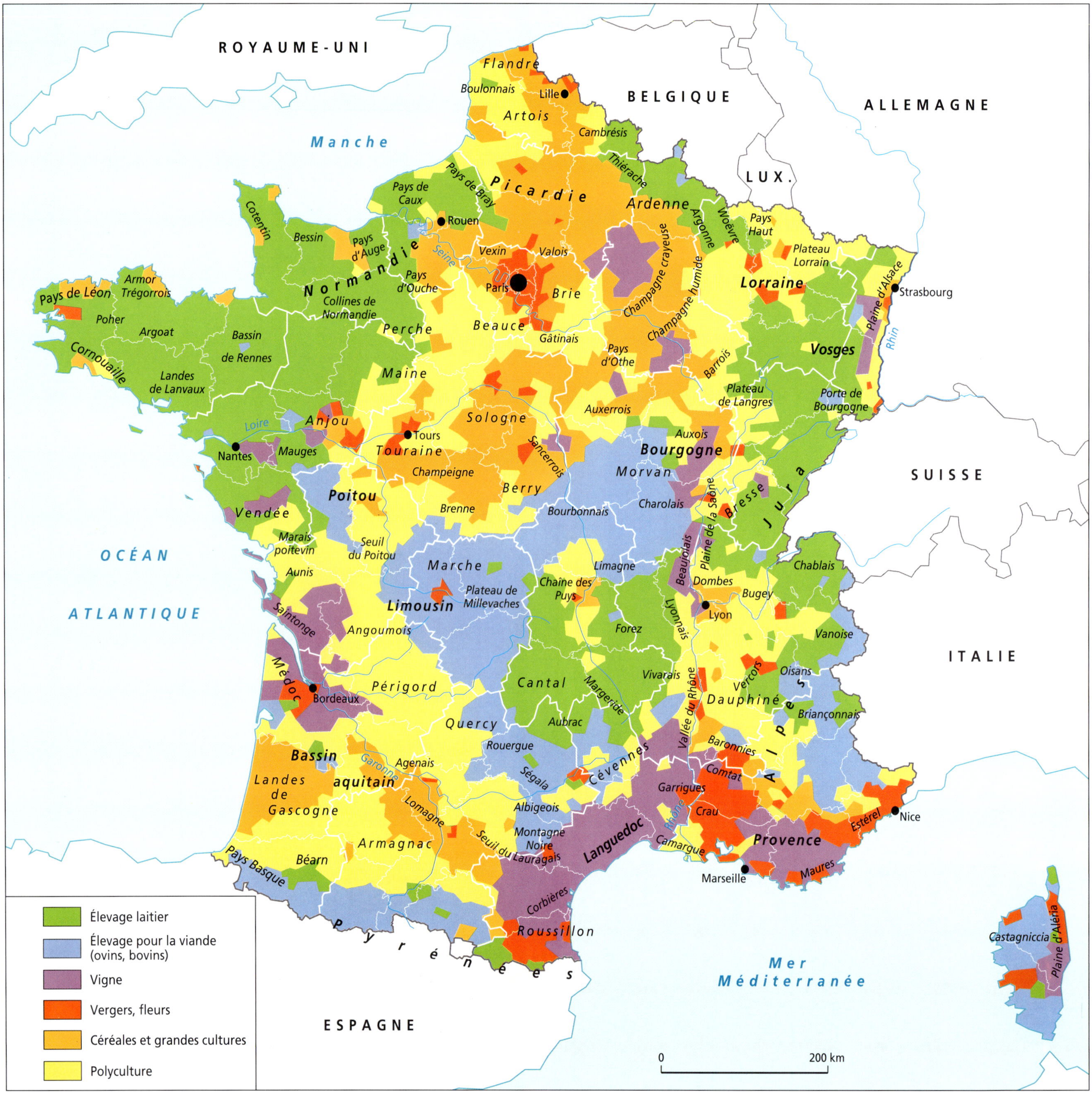

I. La France agricole

agricoles et naturels

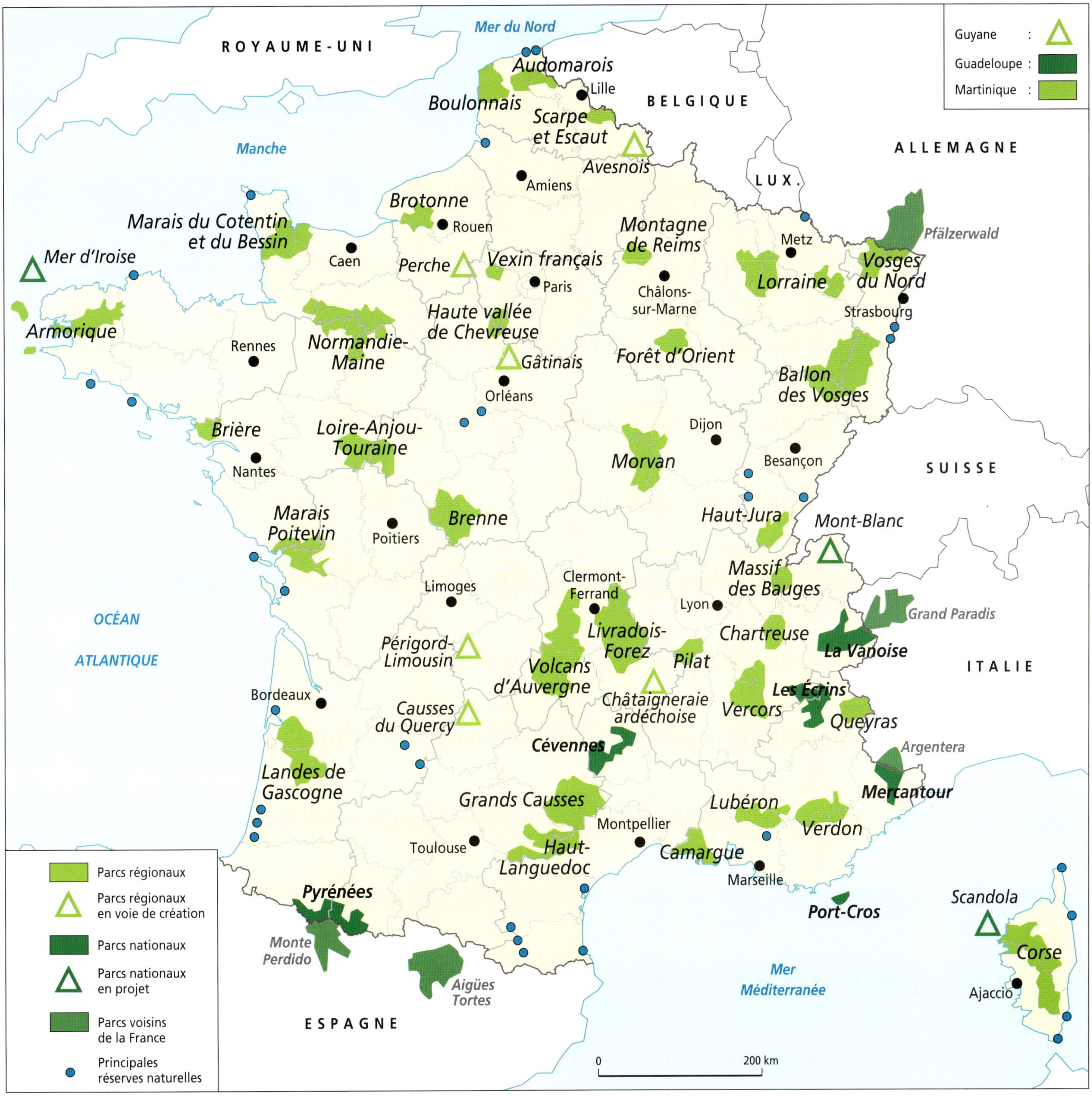

2. Les parcs naturels

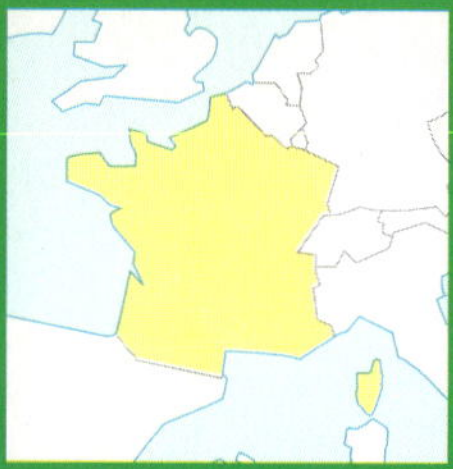

La France

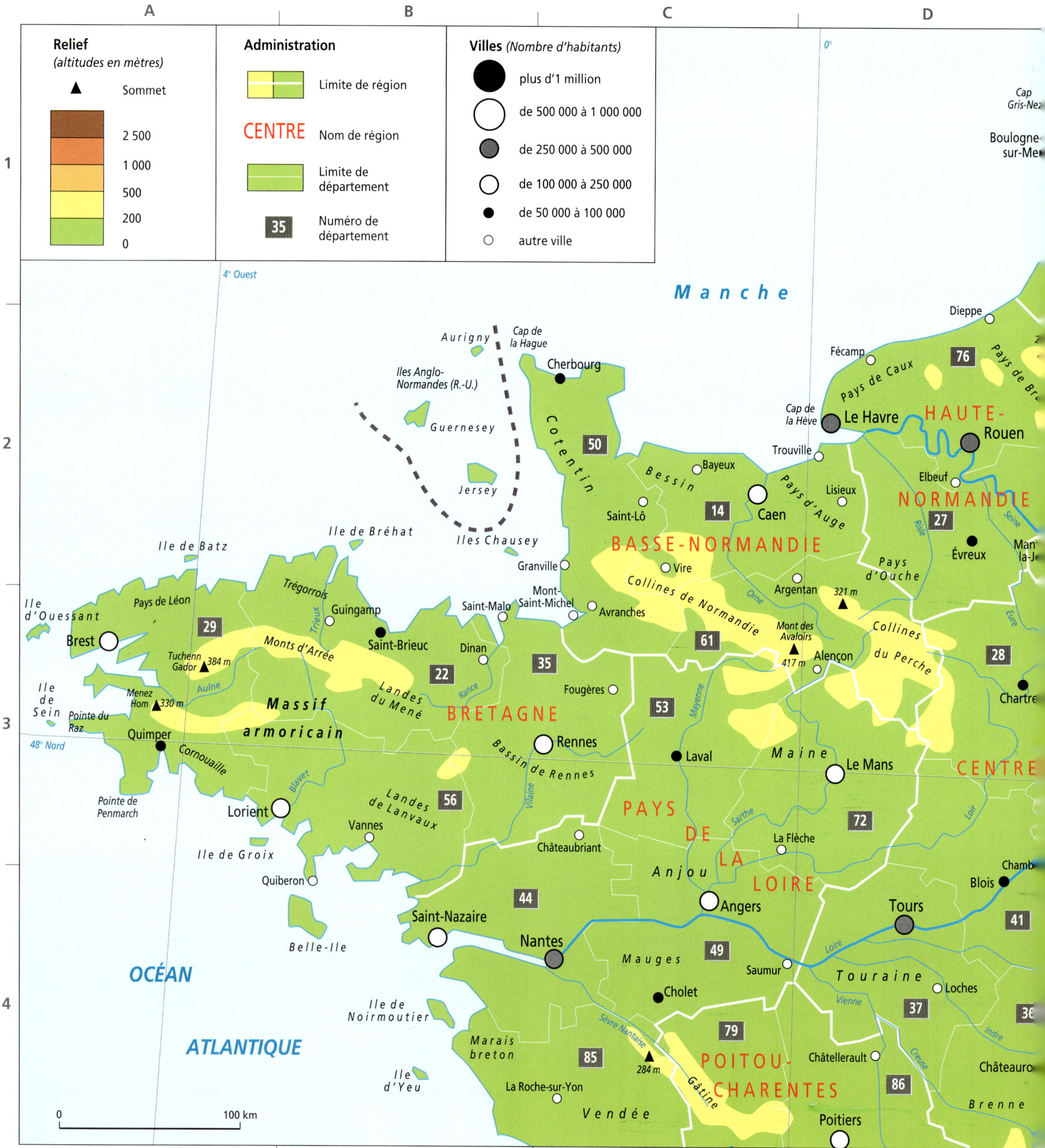

échelle - 1 : 2 500 000

du Nord

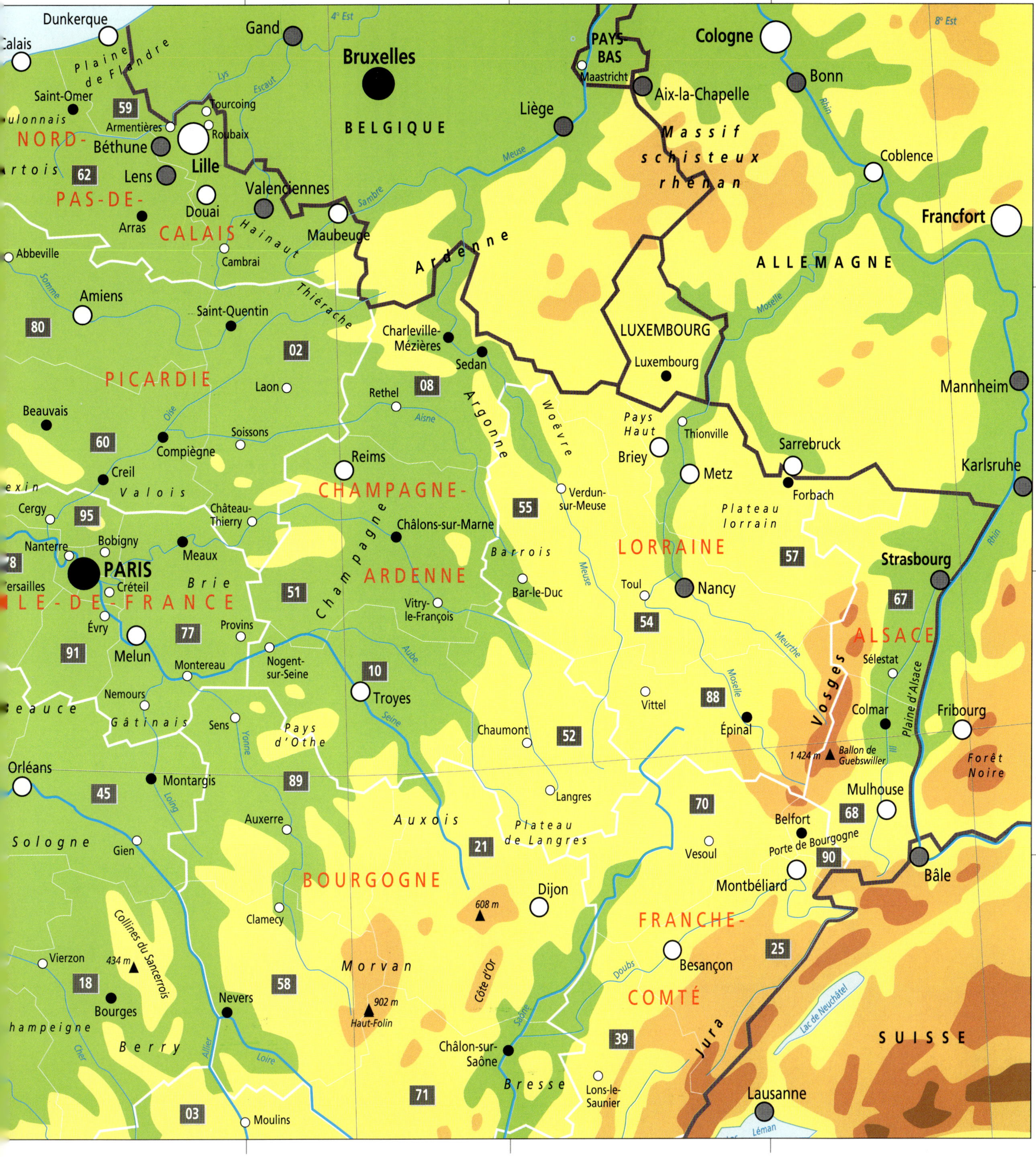
E
F
G
H
Dunkerque
Calais
Gand
Bruxelles
BELGIQUE
PAYS-BAS
Maastricht
Cologne
Bonn
Aix-la-Chapelle
Liège
Massif schisteux rhénan
Coblence
Francfort
ALLEMAGNE
Plaine de Flandre
Saint-Omer
Tourcoing
Roubaix
Armentières
Lille
Béthune
Lens
NORD-PAS-DE-CALAIS
Douai
Valenciennes
Maubeuge
Arras
Cambrai
Hainaut
Abbeville
Ardenne
LUXEMBOURG
Luxembourg
Amiens
Saint-Quentin
Thiérache
Charleville-Mézières
Sedan
PICARDIE
Laon
Rethel
Beauvais
Soissons
Compiègne
Argonne
Woëvre
Pays Haut
Thionville
Briey
Metz
Sarrebruck
Forbach
Mannheim
Karlsruhe
Reims
Creil
Valois
CHAMPAGNE-ARDENNE
Verdun-sur-Meuse
Plateau lorrain
Cergy
Château-Thierry
Châlons-sur-Marne
Bobigny
Nanterre
Meaux
PARIS
Versailles
Créteil
ÎLE-DE-FRANCE
Brie
Champagne
Barrois
Bar-le-Duc
LORRAINE
Toul
Nancy
Strasbourg
Vitry-le-François
Évry
Melun
Provins
Montereau
Nogent-sur-Seine
Troyes
ALSACE
Sélestat
Vosges
Colmar
Plaine d'Alsace
Fribourg
Forêt Noire
Nemours
Gâtinais
Sens
Pays d'Othe
Vittel
Épinal
Chaumont
1 424 m
Ballon de Guebswiller
Orléans
Montargis
Langres
Mulhouse
Auxerre
Auxois
Plateau de Langres
Belfort
Porte de Bourgogne
Sologne
Gien
Vesoul
Bâle
BOURGOGNE
Dijon
Montbéliard
608 m
FRANCHE-COMTÉ
Clamecy
Besançon
Collines du Sancerrois
Morvan
Côte d'Or
Vierzon
434 m
Nevers
902 m
Haut-Folin
Lac de Neuchâtel
Bourges
Champagne
Berry
Saône
Doubs
Jura
SUISSE
Chalon-sur-Saône
Bresse
Lons-le-Saunier
Lausanne
Léman
Moulins
Somme
Oise
Aisne
Aube
Seine
Yonne
Loing
Loire
Allier
Cher
Meuse
Moselle
Meurthe
Rhin
Sambre
Escaut
Lys
4° Est
8° Est
59
62
80
02
08
60
95
55
57
51
77
91
10
54
67
88
52
89
45
70
68
21
90
25
58
18
39
71
03

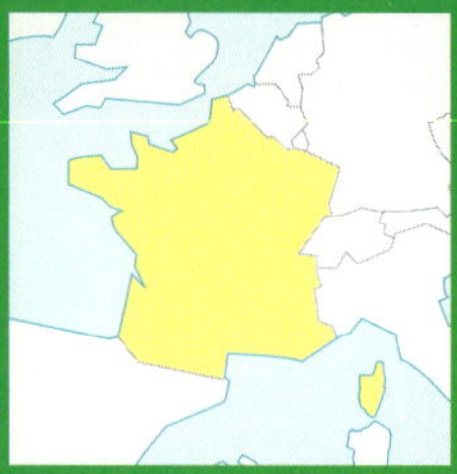

La France

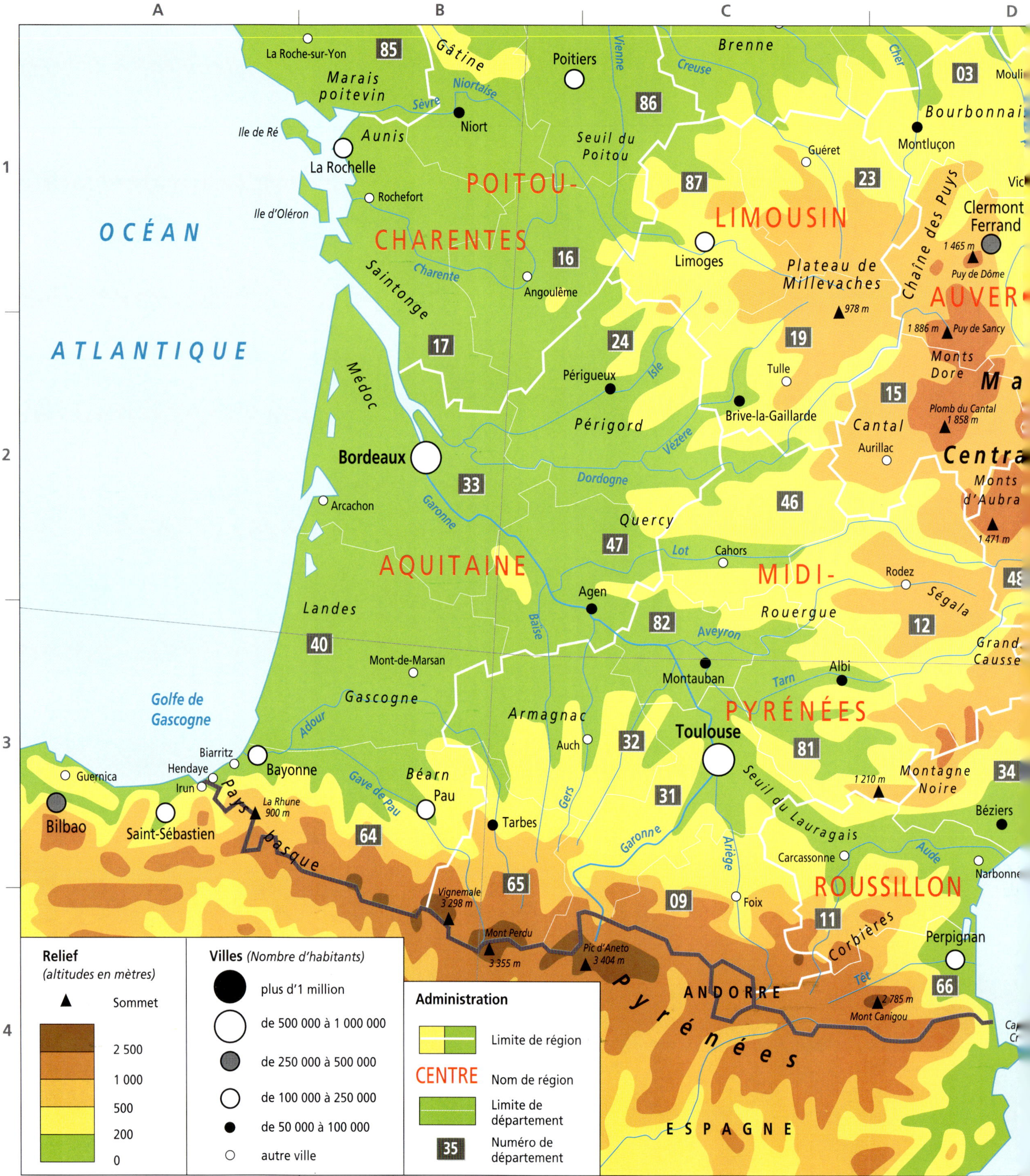

échelle - 1 : 2 500 000

du Sud

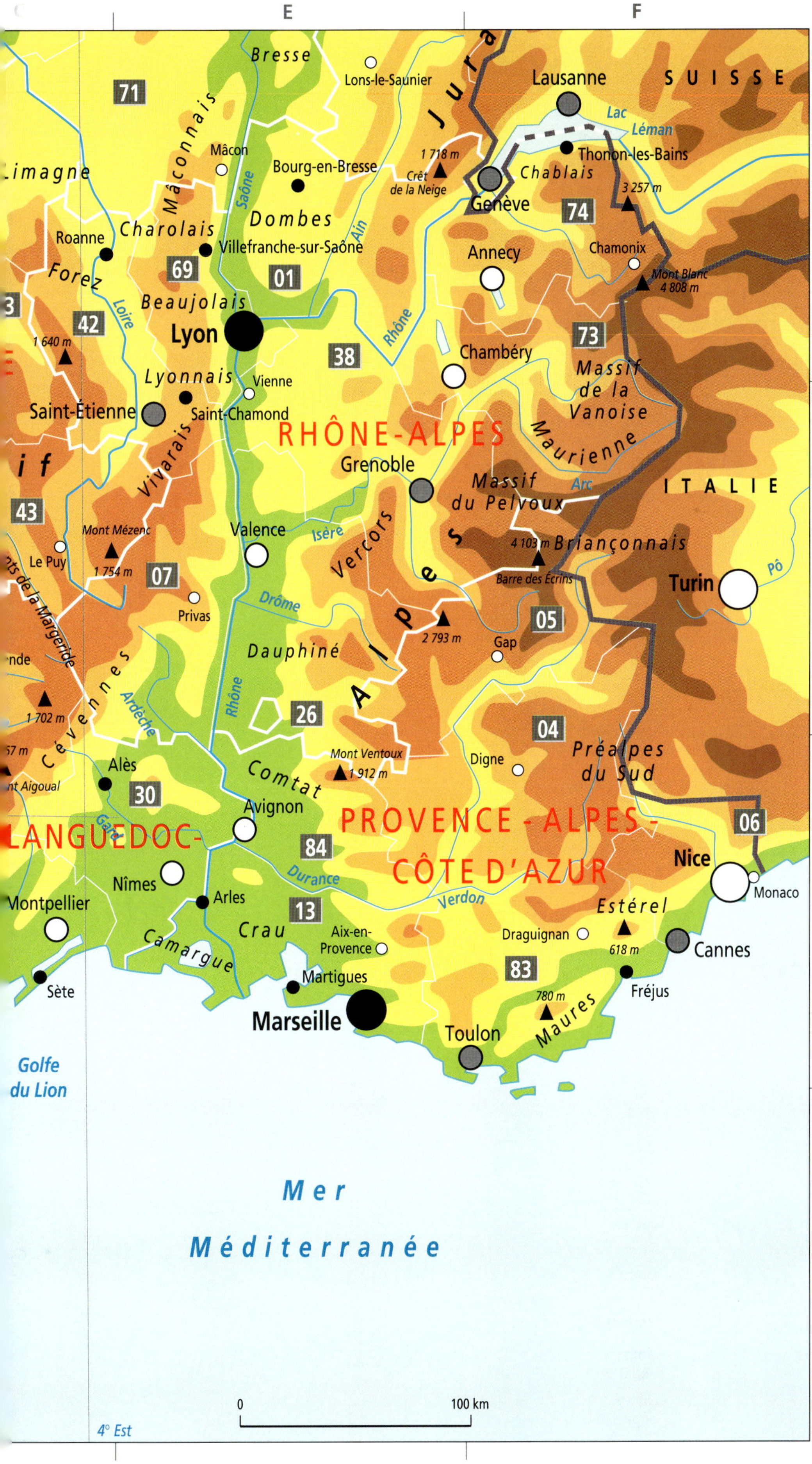
E
F
Bresse
Lons-le-Saunier
Jura
Lausanne
SUISSE
Lac Léman
Thonon-les-Bains
71
Mâconnais
Mâcon
Bourg-en-Bresse
1 718 m
Crêt de la Neige
Chablais
Genève
3 257 m
Limagne
Saône
Dombes
74
Charolais
Roanne
Ain
Villefranche-sur-Saône
Annecy
Chamonix
Forez
69
01
Mont Blanc 4 808 m
Loire
Beaujolais
Rhône
Lyon
42
1 640 m
73
38
Chambéry
Lyonnais
Vienne
Massif de la Vanoise
Saint-Étienne
Saint-Chamond
RHÔNE-ALPES
Maurienne
Vivarais
Grenoble
Massif du Pelvoux
Arc
ITALIE
43
Valence
Isère
Vercors
Mont Mézenc
Le Puy
1 754 m
07
4 103 m
Briançonnais
Alpes
Barre des Écrins
Turin
Pô
Monts de la Margeride
Privas
Drôme
05
2 793 m
Dauphiné
Gap
Cévennes
Ardèche
Rhône
1 702 m
26
04
Mont Ventoux
1 912 m
Digne
Préalpes du Sud
Comtat
Alès
Mont Aigoual
30
Avignon
LANGUEDOC-
Gard
84
06
PROVENCE - ALPES - CÔTE D'AZUR
Nice
Monaco
Nîmes
Durance
Arles
Verdon
Estérel
Montpellier
13
Crau
Aix-en-Provence
Draguignan
618 m
Cannes
Camargue
Martigues
83
Fréjus
Sète
780 m
Maures
Marseille
Toulon
Golfe du Lion
Mer Méditerranée
0
100 km
4° Est

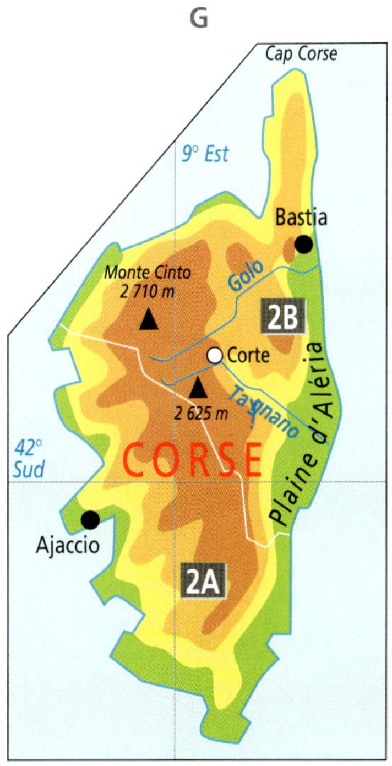
G
Cap Corse
9° Est
Bastia
Monte Cinto 2 710 m
Golo
2B
Corte
2 625 m
Tavignano
42° Sud
CORSE
Plaine d'Aléria
Ajaccio
2A

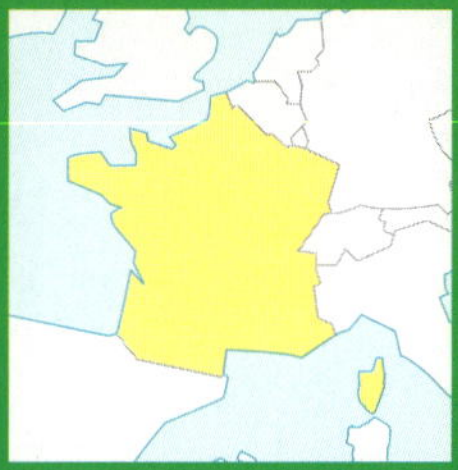

La région parisienne

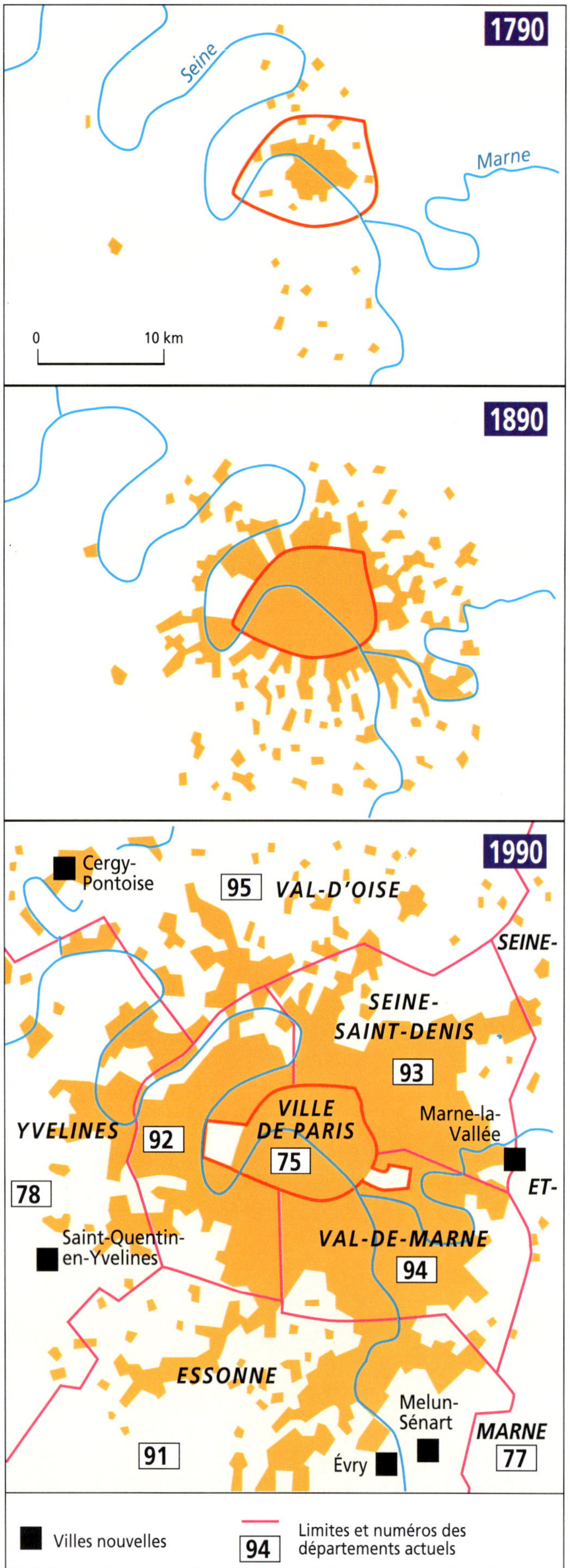

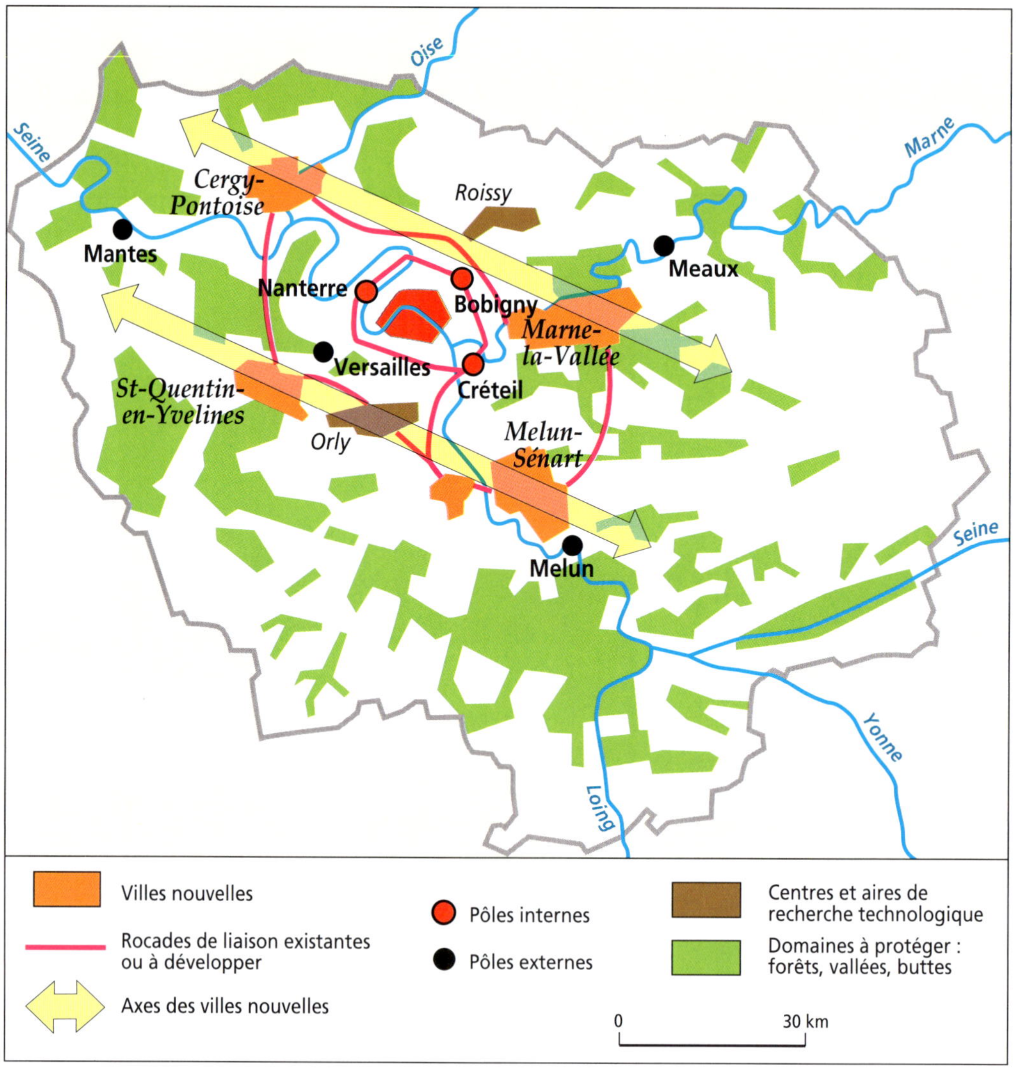

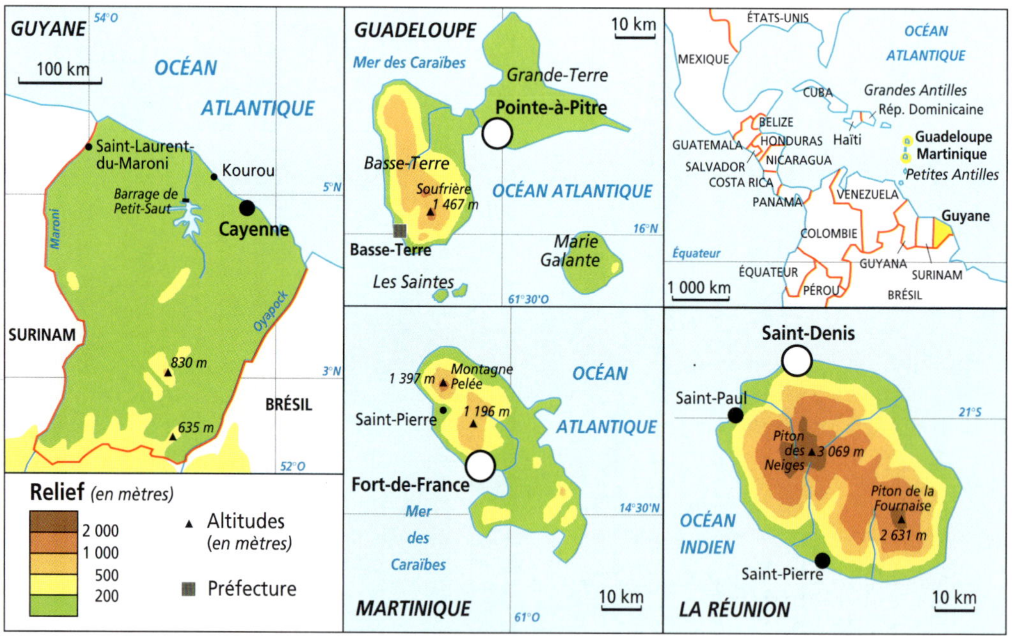

et la France d'Outre-Mer

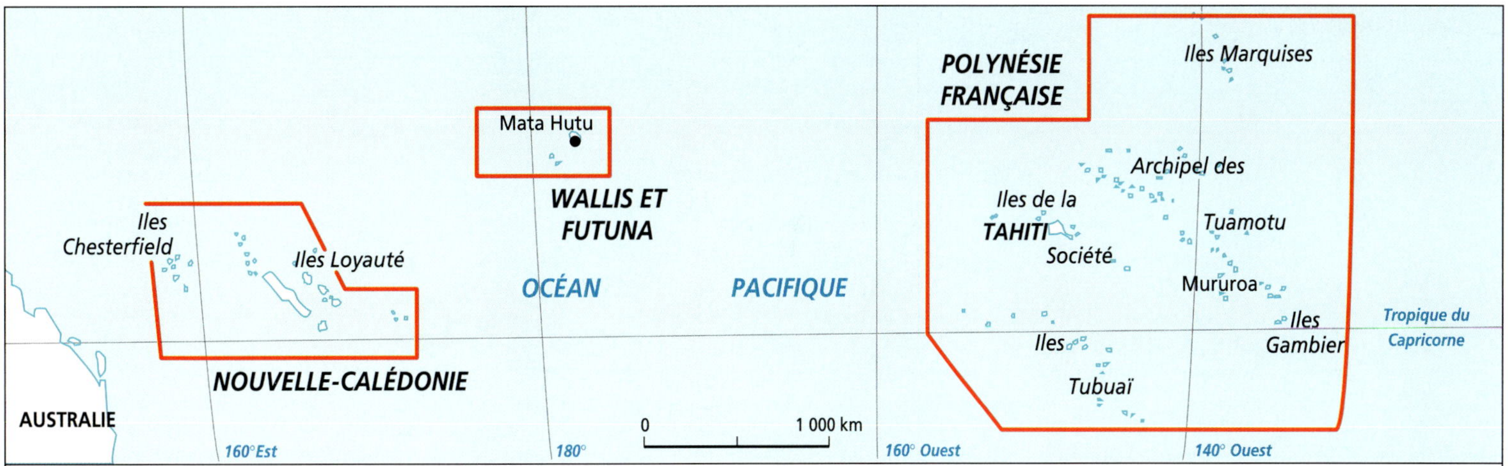

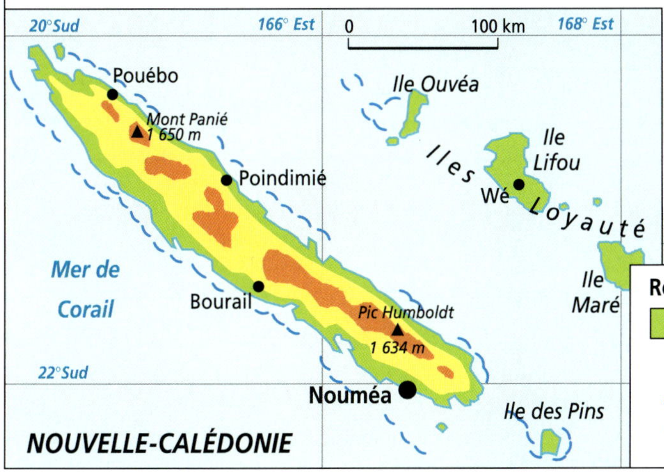

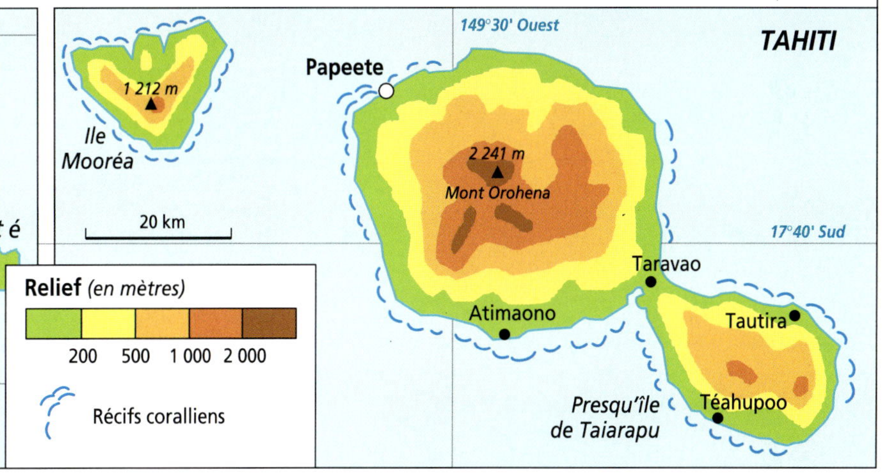

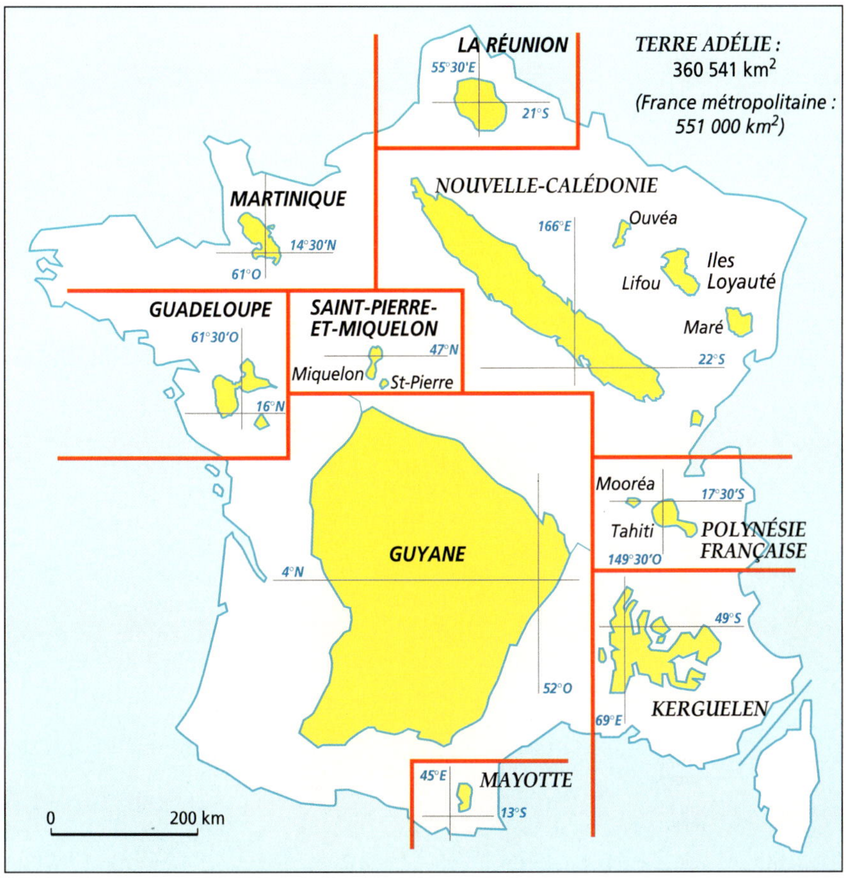

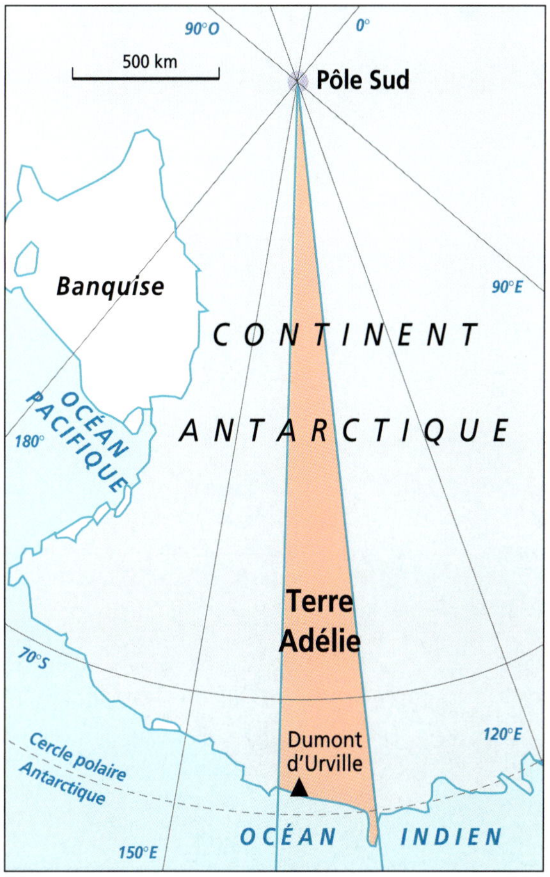

Index

A

Aare, 58-59, B2
Abbeville, 88-89, E1
Aberdeen, 52, B2
Abidjan, 14, B2
Abou Dabi, 12-13, D3
Abruzzes, 51, C2
Abuja, 14, B2
Accra, 14, B2
Achkabad, 12-13, D2
Aconcagua, 11, C3
Açores (Archipel des), 14, A1
Adda, 58-59, C3
Addis-Abeba, 14, C2
Adelaide, 15, B3
Aden (Golfe), 14, D2
Adige, 51, B1
Adige (Haut), 51, B1
Adour, 90-91, B3
Adriatique (Mer), 38-39, C4
Afghanistan, 12-13, D2
Afrique du Sud, 14, C4
Agen, 90-91, C3
Ahmadabad, 12-13, D3
Aigoual (Mont), 90-91, D3
Ain, 58-59, A2
Aisne, 88-89, F2
Aix-en-Provence, 90-91, E3
Aix-la-Chapelle, 54, A2
Ajaccio, 90-91, G4
Akheloos, 60, A2
Akmola, 12-13, C1
Albanie, 38-39, D4
Alborg, 55, B4
Alençon, 88-89, C3
Alentejo, 50, A3
Aléoutiennes (Iles), 10, A1
Aléria (Plaine d'), 90-91, G4
Alès, 90-91, D3
Alexandrie, 58-59, C4
Alfios, 60, B3
Algarve, 50, A3
Alger, 14, B1
Algérie, 14, B1
Aliakmon, 60, A1
Alicante, 50, C2
Allemagne, 38-39, C3
Allenstein, 56, C1
Allier, 88-89, E4
Almaty (ex. Alma-Ata) , 12-13, D2
Almanzor, 50, B2
Alpes, 38-39, C3
Alpes de l'Allgau, 58-59, D2
Alpes de l'Appenzel, 58-59, C2
Alpes australiennes, 15, C3
Alpes d'Autriche, 58-59, G1
Alpes de Bavière, 58-59, D1
Alpes bergamasques, 58-59, C3
Alpes bernoises, 58-59, B2
Alpes carniques, 58-59, E2
Alpes du Dauphiné, 58-59, A4
Alpes de Glaris, 58-59, C2
Alpes Grées, 58-59, B3
Alpes de Gurktal, 58-59, F2
Alpes juliennes, 58-59, F2
Alpes ligures, 58-59, B4
Alpes de Liadula, 58-59, C2
Alpes maritimes, 58-59, B4
Alpes de Nouvelle-Zélande, 15, D4
Alpes de l'Ötztal, 58-59, D2
Alpes rhétiques, 58-59, C2
Alpes de Salzbourg, 58-59, E1
Alpes de Styrie, 58-59, G2
Alpes du Tessin, 58-59, C2
Alpes de Transylvanie, 38-39, D3
Alpes du Tyrol, 58-59, D1
Alpes du Valais, 58-59, B3
Alpes de Vénétie, 58-59, E3
Alsace, 88-89, H3
Altaï, 12-13, E2
Amadeus (Lac), 15, B2
Amazone, 11, C2
Amazonie, 11, C2
Amboine, 15, A1
Amiens, 88-89, E2
Amman, 12-13, C2
Amner (Lac d'), 58-59, D1
Amour, 12-13, E1
Amsterdam, 38-39, B3
Anatolie, 38-39, E4
Ancône, 51, C2
Andalousie, 50, B3
Andes, 11, C3
Andorre, 90-91, C4
Andros, 60, C3
Aneto (Pic), 50, D1
Angers, 88-89, C4
Angola, 14, B3
Angoulême, 90-91, B1
Anjou, 88-89, C4
Ankara, 38-39, E4
Annapurna, 12-13, E2
Annecy, 90-91, F1
Ansincera (Ile), 51, A3
Antananarivo, 14, D3
Antilles (Mer d'), 10, C3
Anvers, 53, C3
Apeldoorn, 53, D2
Apennins, 38-39, C4
Apennins étrusques, 58-59, D4
Apennins ligure, 58-59, C4
Aquitaine, 90-91, B2
Arabie (Mer d'), 12-13, D3
Arabie Saoudite, 12-13, C3
Arad, 56, D4
Arafura (Mer d'), 15, B1
Aragon, 50, C1
Arakhthos, 60, A2
Aral (Mer d'), 12-13, D2
Ararat (Mont), 57, C4
Aras, 57, C4
Araxe, 57, D4
Arc, 90-91, F2
Arcachon, 90-91, B2
Arctique (Océan), 12-13, C1
Ardèche, 90-91, E2
Ardenne, 38-39, B3
Argentan, 88-89, C2
Argentine, 11, C4
Argonne, 88-89, F2
Arhus, 55, B4
Ariège, 90-91, C3
Arles, 90-91, E3
Armagnac, 90-91, B3
Arménie, 38-39, F4
Armentières, 88-89, E1
Arno, 51, B2
Arras, 88-89, E1
Artois, 88-89, E1
Arve, 58-59, A3
Ashburton, 15, A2
Asmara, 14, C2
Assomption, 11, C3
Assouan, 14, C1
Astrakhan, 57, D3
Asturies, 50, B1
Athabasca (Lac), 10, B1
Athènes, 38-39, D4
Athos (Mont), 60, C1
Atlanta, 10, B2
Atter, 58-59, F1
Aubrac, 90-91, D2
Auckland, 15, D3
Aude, 90-91, D3
Augsbourg, 54, B4
Augustus (Mont), 15, A2
Aulne, 88-89, A3
Aunis, 90-91, B1
Aurigny (Ile), 88-89, B2
Aurillac, 90-91, D2
Australie occidentale, 15, A3
Australie du Sud, 15, B3
Australienne (Cordillère), 15, C2
Australienne (Grand Baie), 15, B3
Autriche, 38-39, C3
Auvergne, 90-91, D1
Auxerre, 88-89, F3
Auxois, 88-89, F3
Aveyron, 90-91, C3
Avignon, 90-91, E3
Avranches, 88-89, C3
Axio, 60, B1
Azerbaïdjan, 38-39, F4
Azov (Mer d'), 38-39, E3

B

Bacton, 52, C3
Badajoz, 50, A2
Bade, 54, B3
Baffin (Mer d'), 10, D1
Baffin (Terre de), 10, C1
Bagdad, 12-13, C2
Bahamas, 10, B3
Baia Mare, 56, D4
Baïkal (Lac), 12-13, E1
Baïse, 90-91, B3
Bakou, 38-39, F4
Balaton (Lac), 56, B4
Bâle, 58-59, B1
Baléares (Iles), 38-39, B4
Balkan, 38-39, D4
Balkhach (Lac), 12-13, D2
Baltique (Mer), 38-39, C2
Baltiques (Collines), 57, A1
Bamako, 14, A2
Banda (Mer de), 15, A1
Bandar Seri Begawan, 12-13, E4
Bangkok, 12-13, E3
Bangladesh, 12-13, E3
Bangui, 14, C2
Banjul, 14, A2
Bar-le-Duc, 88-89, G3
Barcelone, 50, D1
Barents (Mer de), 38-39, E1
Bari, 51, D3
Barkly (Plateau), 15, B2
Barrois, 88-89, F2
Barrow, 52, A4
Basque (Pays), 50, C1
Basse-Saxe, 54, B1
Bastia, 90-91, G4
Bastogne, 53, C4
Batz (Ile de), 88-89, A2
Bavière, 54, C4
Bayeux, 88-89, C2
Bayonne, 90-91, A3
Beatrice, 52, B1
Beauce, 88-89, E3
Beaufort (Mer de), 10, B1
Beaujolais, 90-91, E1
Beauvais, 88-89, E2
Beijing, 12-13, E2
Belem, 11, C2
Belfort, 88-89, H3
Belgique, 38-39, B3
Belgrade, 38-39, D4
Belize, 10, B3
Belle-Ile, 88-89, B4
Belmopan, 10, B3
Belo Horizonte, 11, D3
Ben Nevis (Mont), 52, B2
Bénares, 12-13, E3
Bengale (Golfe de), 12-13, E3
Bénin, 14, B2
Bergame, 58-59, C3
Bergen, 55, A3
Bering (Détroit de), 12-13, F1
Berlin, 54, C2
Berne, 38-39, B3
Bernina (Col), 58-59, D2
Bernina (Pic), 58-59, C2
Berry, 88-89, E4
Besançon, 88-89, G4
Beskides occidentales, 56, C3
Beskides orientales, 56, D3
Béthune, 88-89, E1
Bétique (Plaine), 50, B3
Beyrouth, 12-13, C2
Béziers, 90-91, D3
Bhoutan, 12-13, E2
Bhramapoutre, 12-13, E2
Bialystok, 56, D1
Biarritz, 90-91, A3
Bieloïe (Lac), 57, B1
Biélorussie, 38-39, D3
Bielsko-Biala, 56, C3
Bihor (Monts), 56, D4
Bilbao, 50, C1
Birmanie, 12-13, E3
Birmingham, 52, B4
Bishkek, 12-13, D2
Bismarck (Archipel), 15, C1
Bismarck (Mer), 15, C1
Bissau, 14, A2
Blackpool, 52, B3
Blanc (Mont), 58-59, B3
Blanche (Mer), 38-39, D1
Blavet, 88-89, B3
Bleues (Montagnes), 15, C3
Blois, 88-89, C4
Bobigny, 88-89, E2
Bogota, 11, B2
Bohême, 38-39, C3
Bohême (Forêt de), 56, A3
Bohême-Moravie, 56, B3
Bolivie, 11, C3
Bologne, 58-59, D4
Bolsena (Lac de), 51, B2
Bolzano, 58-59, D2
Bombay, 12-13, D3
Bonifacio, 51, A3
Bonifacio (Bouches de), 51, A3
Bonn, 54, A2
Bonne Espérance (Cap de), 14, B4
Bordeaux, 90-91, B2
Bornéo, 12-13, E4
Bornholm (Ile), 54, D1,
Bosnie-Herzégovine, 38-39, C4
Bosphore, 38-39, D4
Boston, 10, C2
Botnie (Golfe de), 55, C2
Botswana, 14, C3
Boug, 57, B3
Boulogne-sur-Mer, 88-89, D1
Boulonnais, 88-89, E1
Bourg-en-Bresse, 90-91, E1
Bourges, 88-89, E4
Bourgogne, 88-89, F4
Bourgogne (Porte de), 88-89, H3
Bournemouth, 52, B4
Brabant, 53, C3
Bracciano (Lac de), 51, B2
Bradford, 52, C3
Brae, 52, C1
Brandebourg, 54, C2
Brasilia, 11, C3
Bratislava, 38-39, C3
Bray (Pays de), 88-89, D1
Brazzaville, 14, B3
Bréhat (Ile de), 88-89, B2
Brême, 54, B1
Brenne, 88-89, C4
Brenner (Col), 58-59, D2
Brenta, 58-59, E3
Brésil, 11, C2
Bresse, 88-89, G4
Brest (Biélorussie), 56, D2
Brest (France), 88-89, A3
Bretagne, 88-89, B3
Briançonnais, 90-91, F2
Brie, 88-89, E3
Briey, 88-89, G2
Brighton, 52, C4
Brindisi, 51, D3
Brisbane, 15, C3
Bristol, 52, B4
Brive-la-Gaillarde, 90-91, C2
Brno, 56, B3
Bruce (Mont), 15, A2

Bruges, 53, B3
Brunei, 12-13, E4
Bruxelles, 53, C3
Bucarest, 57, A3
Budapest, 56, C4
Buenos Aires, 11, C3
Bug, 56, D2
Bujumbura, 14, C3
Bulgarie, 38-39, D4
Burgos, 50, B1
Burkina Faso, 14, B2
Burundi, 14, C3
Bydgoszcz, 56, B1

C

Cabrera, 50, D2
Cadix, 50, B3
Cadix (Golfe), 50, A3
Caen, 88-89, C2
Cagliari, 51, A3
Cahors, 90-91, C2
Caire (Le), 14, C1
Calabre, 51, C4
Calais, 88-89, E1
Calcutta, 12-13, E3
Camargue, 90-91, E3
Cambodge, 12-13, E3
Cambrai, 88-89, E1
Cambriens (Monts), 52, B3
Cameroun, 14, B2
Campine, 53, C3
Canada, 10, B2
Canaries (Iles), 14, A1
Canberra, 15, C3
Canigou (Mont), 90-91, D4
Cannes, 90-91, F3
Cantabriques (Monts), 38-39, A3
Cantal, 90-91, D2
Canton, 12-13, F3
Cap (Le), 14, B4
Cap-Vert, 14, A2
Capri (Ile de), 51, C3
Caracas, 10, C3
Carcassonne, 90-91, C3
Cardiff, 52, B4
Carélie, 38-39, D1
Carpates blanches, 56, C3
Carpates orientales, 56, D3
Carpathes (Petites), 56, B3
Carpentarie (Golfe de), 15, B2
Carrauntoohil, 52, A4
Caspienne (Mer), 38-39, F3
Castille, 50, C2
Catalogne, 50, D1
Catane, 51, C4
Catanzaro, 51, D4
Caucase, 38-39, F4
Causses, 90-91, D3
Cayenne, 11, C2
Central (Massif), 38-39, B3
Centrale (Chaîne), 15, B1
Centre, 88-89, D3
Céphalonie, 60, A3
Ceram (Mer), 15, A1
Cergy, 88-89, E2
Cervin, 58-59, B3
Cévennes, 90-91, D2
Chablais, 90-91, F1
Chalcidique, 60, B1
Châlon-sur-Marne, 88-89, F2
Châlon-sur-Saône, 88-89, F4
Chambéry, 90-91, E1
Chambord, 88-89, C4
Chamonix, 58-59, A3
Champagne, 88-89, F2
Champagne-Ardenne, 88-89, F2
Champeigne, 88-89, E4
Chang Jiang, 12-13, E2
Charente, 90-91, B1
Charleroi, 53, C3
Charleville-Mézières, 88-89, F2
Charolais, 90-91, E1
Chartres, 88-89, C3
Château-Thierry, 88-89, E2
Châteaubriant, 88-89, C3
Châteauroux, 88-89, C4
Châtellerault, 88-89, C4
Chaumont, 88-89, G3
Chausey (Iles), 88-89, B2
Chemnitz, 54, C3
Cher, 88-89, E4
Cherbourg, 88-89, C2
Chiem (Lac), 58-59, E1
Chiese, 58-59, D3
Chili, 11, C4
Chine, 12-13, E2
Chine méridionale (Mer de), 12-13, F3
Chine orientale (Mer de), 12-13, F2
Chisinau, 57, A3
Cholet, 88-89, C4
Christchurch, 15, D4
Churchill, 10, B1
Cimone , 51, B2
Cimone (Mont), 58-59, D4
Clamecy, 88-89, F4
Clermont-Ferrand, 90-91, D1
Cluj-Napoca, 56, D4
Coblence, 54, A3
Coimbra, 50, A2
Colmar, 88-89, H3
Cologne, 54, A2
Colombie, 11, B2
Colombo, 12-13, E3
Colorado, 10, B2
Comacchio (Lagune), 58-59, E4
Côme (Lac de), 58-59, C3
Comores, 14, C3
Compiègne, 88-89, E2
Conakry, 14, A2
Condroz, 53, C4
Congo, 14, B2
Congo, 14, B3
Congo (Rép. Démocratique), 14, C3
Constance (Lac de), 58-59, C1
Constanta, 57, A3
Cook (Mont), 15, D4
Cooper Creek, 15, B3
Copenhague, 55, B4
Corail (Mer de), 15, C2
Corbières, 90-91, C4
Cordoba, 11, C3
Cordoue, 50, B3
Corée du Nord, 12-13, F2
Corée du Sud, 12-13, F2
Corfou (Ile), 60, A2
Corinthe (Golfe de), 60, B3
Cork, 52, A4
Cornouailles, 52, B4
Corogne (La), 50, A1
Corse (Cap), 90-91, G4
Corte, 90-91, G4
Costa del Azahar, 50, D2
Costa Blanca, 50, C3
Costa Brava, 50, D1
Costa Dorada, 50, D2
Costa de la Luz, 50, A3
Costa Rica, 10, B3
Costa del Sol, 50, B3
Costa Verde, 50, A1
Côte d'Ivoire, 14, B2
Côte d'Or, 88-89, F4
Cotopaxi, 11, B2
Cottbus, 56, A2,
Courtrai, 53, B3,
Coventry, 52, C4,
Cracovie, 56, C3,
Crau, 90-91, E3,
Creil, 88-89, E2
Crêt de la Neige, 90-91, E1
Crète, 60, C4
Crète (Mer de), 60, C4
Créteil, 88-89, E3
Creus (Cap), 90-91, D4
Creuse, 88-89, C4
Crimée, 38-39, E3
Crna, 60, A1
Croatie, 38-39, C4
Cruden Bay, 52, B2
Cuba, 10, B3
Cumbrian (Monts), 52, B3
Cuzco, 11, B2
Cyclades (Iles des), 60, C3
Czestochowa, 56, C2

D

Dacca, 12-13, E3
Dakar, 14, A2
Dallas, 10, B2
Daly, 15, B2
Damas, 12-13, C2
Danemark, 38-39, C2
Danube, 38-39, C3
Darling, 15, C3
Darling (Monts), 15, A3
Darwin, 15, B1
Dat, 55, C3
Daugawa, 57, A1
Dauphiné, 90-91, E2
De Grey, 15, A2
Debrecen, 56, D4
Deccan, 12-13, E3
Delphes, 60, B2
Derby, 52, C3
Désappointement (Lac du), 15, A2
Desna, 57, B2
Dessau, 54, C2
Diamantina, 15, B2
Dieppe, 88-89, D1
Digne, 90-91, F3
Dijon, 58-59, A1
Dimlington, 52, C3
Dinan, 88-89, B3
Dinariques (Chaîne), 38-39, C4
Disgrazia, 58-59, C2
Djibouti, 14, C2
Dniepr, 38-39, E3
Dniepropetrovsk, 57, B3
Dniestr, 38-39, D3
Dodécanèse (Iles), 60, D3
Dodoma, 14, C3
Doha, 12-13, D3
Doire Ripaire, 58-59, B4
Dolomites, 58-59, E2
Dombes, 58-59, A3
Dominicaine (République), 10, C3
Don, 38-39, E3
Donegal, 52, A3
Donets, 57, B3
Donetsk, 57, B3
Dordogne, 90-91, C2
Dordrecht, 53, C2
Dortmund, 54, A2
Douai, 88-89, E1
Doubs, 88-89, G4
Douchanbé, 12-13, D2
Douro, 38-39, A4
Douvres, 52, C4
Draguignan, 90-91, F3
Drave, 38-39, C3
Dresde, 54, C3
Drin noir, 60, A1
Drôme, 90-91, E2
Dublin, 52, B3
Duero, 50, B1
Duisbourg, 54, A2
Dundee, 52, B2
Dunedin, 15, D4
Dunkerque, 88-89, E1
Durance, 90-91, E3
Düsseldorf, 54, A2
Dvina occidentale, 38-39, D2
Dvina septentrionale, 38-39, E1
Dyje, 56, B3

E

Easington, 52, C3
Ebre, 50, C1
Ecosse, 52, B2
Ecrins (Barre des), 90-91, F2
Edinbourg, 52, B2
Edirne, 57, A4
Egates (Ile), 51, B4
Egée (Mer d'), 60, C2
Eger, 56, A3
Egypte, 14, C1
Eindhoven, 53, C3
Ekofisk, 52, C2
Elbe, 38-39, C3
Elbe (Ile d'), 51, B2
Elbeuf, 88-89, D1
Elblag, 56, C1
Elbourz (Monts), 12-13, C2
Elbrous, 57, C4
Emirats Arabes Unis, 12-13, D3
Ems, 54, A2
Enipéas, 60, B2
Enns, 58-59, F1
Epinal, 88-89, G3
Epire, 60, A2
Equateur, 11, B2
Erevan, 57, C4
Erfurt, 54, B2
Erié (Lac), 10, C2
Erimanthos, 60, B3
Erythrée, 14, C2
Escaut, 53, B3
Escaut occidental, 53, B3
Escaut oriental, 53, B2
Esclaves (Grand Lac des), 10, B1
Espichel (Cap), 50, A2
Essen, 54, A2
Estérel, 90-91, F3
Estonie, 38-39, D2
Estrémadure, 50, B2
Etats-Unis, 10, B2
Ethiopie, 14, C2
Etna, 51, C4
Eubée (Ile), 60, C2
Euphrate, 12-13, C2
Euphrate occidental, 57, B4
Euphrate oriental, 57, C4
Eure, 88-89, C3
Europe (Pics d'), 50, B1
Eurotas, 60, B3
Everest, 12-13, E2
Evora, 50, A2
Evreux, 88-89, D1
Evros, 60, D1
Evry, 88-89, E3
Eyre (Lac), 15, B3
Ezine, 60, D2

F

Fagnes, 53, C4
Falkland (Iles), 11, D4
Famenne, 53, C4
Faro, 50, A3
Fatima, 50, A2
Fécamp, 88-89, D1
Fehmarn (Détroit de), 54, B1
Finisterre (Cap), 50, A1
Finke, 15, B2
Finlande, 38-39, D1
Finlande (Golfe de), 38-39, D2
Fitzroy, 15, A2
Flandre, 53, B3
Flèche (La), 88-89, C3
Flevoland, 53, C2
Flinder, 15, B2
Florence, 51, B2
Flotta, 52, B1
Foggia, 51, C3
Foix, 90-91, C4
Folkestone, 52, C4
Forbach, 88-89, H2
Forêt Noire, 54, A4
Forez, 90-91, D1
Forli, 58-59, E4
Formentera, 50, D2
Foroë (Iles), 38-39, B1
Fortescue, 15, A2
Forties, 52, C2
Fougères, 88-89, C3
France, 38-39, B3
Francfort-sur-le-Main, 54, B3
Franche-Comté, 88-89, G4
Freetown, 14, A2
Fréjus, 90-91, F3
Fréjus (Col du), 58-59, A4
Fribourg, 58-59, B1
Fribourg-en-Brisgau, 54, A4
Frioul, 51, B1
Frisonnes (Iles), 53, C1
Frome (Lac de), 15, B3
Fuerteventura, 50, B3
Fyn, 55, B4

G

Gabon, 14, B2
Gaborone, 14, C3
Gaète (Golfe de), 14, C3
Gail, 58-59, F2
Galapagos (Iles), 11, B2
Galice, 50, A1
Galles (Pays de), 52, B4
Gambie, 14, A2
Gand, 53, B3
Gange, 12-13, D3
Gap, 90-91, F2
Gard, 90-91, D3
Garde (Lac de), 58-59, D3
Garonne, 90-91, B2
Gascogne, 90-91, B3
Gascogne (Golfe de), 38-39, A3
Gascoyne, 15, A3
Gata (Cap de), 50, C3
Gâtinais, 88-89, E3
Gave de Pau, 90-91, B3
Gdansk, 56, C1
Gdansk (Baie de), 56, C1
Gdynia, 56, B1
Gênes, 58-59, C4
Gênes (Golfe de), 58-59, C4
Genève, 58-59, A3
Gennargenta, 51, A3
Georgetown, 11, C2
Géorgie, 38-39, F4

Géorgie du Sud (Ile), 11, D4
Georgina, 15, B2
Gerlach (Pic), 56, C3
Gers, 90-91, B3
Ghana, 14, B2
Gibraltar , 50, B3
Gibraltar (Détroit de), 50, B3
Gibson (Désert), 15, A2
Gien, 88-89, E3
Gijon, 50, B1
Gilbert, 15, B2
Glasgow, 52, B2
Glittertinden (Mont), 55, B3
Gomel, 57, B2
Gomera, 50, A3
Goplo (Lac), 56, B2
Gotland, 55, C4
Göttinguen, 54, B2
Grampian (Monts), 52, B2
Gran Sasso d'Italia, 51, B2
Grand Paradis, 51, A1
Grand St-Bernard (Col), 58-59, B3
Grande (Rio), 10, B3
Grande Barrière (Récif), 15, C2
Grande Canarie, 50, B3
Granville, 88-89, C2
Graz, 58-59, G2
Grèce, 38-39, D4
Grenade, 50, B3
Grenoble, 90-91, E2
Griz Nez (Cap),88-89, D1
Grodno, 56, D1
Groenland, 10, D1
Groenland (Mer du), 55, A2
Groix (Ile de), 88-89, A3
Groninge, 53, D1
Grossglockner, 58-59, E2
Grossvenediger, 58-59, E2
Guadalquivir, 50, B3
Guadiana, 50, B2
Guatemala, 10, B3
Guayaquil, 11, B2
Guebswiller (Ballon), 88-89, H3
Guéret, 90-91, C1
Guernesey (Ile), 88-89, B2
Guernica, 90-91, A4
Guinée, 14, A2
Guinée (Golfe de), 14, B2
Guinée équatoriale, 14, B2
Guinée-Bissau, 14, A2
Guingamps,88-89, B3
Guyana, 11, C2
Guyane, 11, C2

H

Hadrien (Mur d'), 52, B3
Hague (La), 88-89, B2
Hainan, 12-13, F3
Hainaut, 53, B3
Haïti, 10, C3
Halle, 54, C2
Hambourg, 54, B1
Hamilton, 15, D3
Hanoï, 12-13, E3
Hanovre, 54, B2
Harare, 14, C3
Havane (La), 10, B3
Havre (Le), 88-89, D1
Hébrides (Iles), 52, A2
Helgoland (Baie de), 54, B1
Helsinki, 55, D3
Hendaye, 90-91, A3
Héraklion, 60, C4
Hérault, 90-91, D3
Hesbaye, 53, C3
Hesse, 54, B3
Hierro, 50, A3
Highlands du Sud, 52, B3
Himalaya, 12-13, D2
Hobart, 15, C4
Hochalmsp, 58-59, F2
Hochfeiler, 58-59, E2
Hochgall, 58-59, E2
Hoggar, 14, B1
Hokkaido, 12-13, F2
Hollande, 53, C2
Honduras, 10, B3
Hong Kong, 12-13, F3
Hongrie, 38-39, D3
Hongrie (Plaine de), 38-39, D3
Honiara, 15, D1
Honshu, 12-13, F2
Horn (Cap Chili), 11, C4
Horn (Cap Islande), 55, A1
Houston, 10, B2
Huang He, 12-13, E2
Hudson (Baie d'), 10, C1
Huelva, 50, A3
Huna (Baie), 55, A1

I

Iaroslavl, 57, C1
Ibériques (Monts), 38-39, A4
Ibiza, 50, D2
Idel, 58-59, E2
Iemen (Lac), 57, B1
Iénissei, 12-13, D1
Ijssel, 53, D2
Ijssel (Lac d'), 53, C1
Ile-de-France, 88-89, E3
Ill, 88-89, H3
Iller, 58-59, D1
Inari (Lac), 55, D1
Inde, 12-13, E3
Indien (Océan), 12-13, E4
Indonésie, 12-13, E4
Indre, 88-89, C4
Indus, 12-13, D2
Inn, 54, C4
Innsbruck, 58-59, D2
Inverness, 52, B2
Ionienne (Mer), 60, A3
Ioniennes (Iles), 60, A3
Irak, 12-13, C2
Iran, 12-13, C2
Irkoutsk, 12-13, E1
Irlande, 38-39, A2
Irlande (Mer d'), 52, B3
Irlande du Nord, 52, A3
Irtych, 12-13, D1
Irun, 90-91, A3
Isar, 54, C4
Iseo (Lac), 58-59, D3
Isère, 90-91, E2
Islamabad, 12-13, D2
Islande, 38-39, A1
Isle, 90-91, C2
Isonzo, 58-59, F3
Ispahan, 12-13, C2
Israël, 12-13, C2
Italie, 38-39, C4
Izmir, 57, A4

J

Jakarta, 12-13, E4
Jalon, 50, C1
Jamaïque, 10, B3
Japon, 12-13, F2
Japon (Mer du), 12-13, F2
Jaune (Mer), 12-13, F2
Java, 12-13, E4
Jaya (Pic), 15, B1
Jersey (Ile), 88-89, B2
Jordanie, 12-13, C2
Jucar, 50, C2
Jura, 58-59, A2
Jura Souabe, 58-59, C1
Jylland, 55, B4

K

K2, 12-13, D2
Kaboul, 12-13, D2
Kakhovka (Réservoir), 57, B3
Kalahari, 14, C4
Kalamata, 60, B3
Kalix, 55, C2
Kampala, 14, C2
Kamtchatka, 12-13, F1
Kapela (Monts), 58-59, G3,
Kara (Mer de), 38-39, F1,
Karachi, 12-13, D3,
Karawanken, 58-59, F2,
Karlsruhe, 54, A3,
Karpathos, 60, D4,
Karst (Plateau du), 58-59, F3,
Katmandou, 12-13, E3,
Katowice, 56, C3,
Kattegat, 55, B4
Kavala, 60, C1,
Kazakhstan, 57, D3,
Kazan, 57, D1,
Kent, 52, C4,
Kenya, 14, C2,
Kharkov, 57, B2,
Khartoum, 14, C2
Khios, 60, D2
Khopor, 57, C2
Kiel, 54, B1
Kiev, 57, B2
Kifissos, 60, B2
Kigali, 14, C2
Kilimandjaro (Mont), 14, C3
Kimberley (Plateau de), 15, A2
Kingston (Royaume Uni), 52, C3
Kingston (Jamaïque), 10, B3
Kinshasa, 14, B3
Kiona, 60, B2
Kirghizistan, 12-13, D2
Kiribati, 15, D1
Kiskörei (Lac), 56, C4
Kizil Irmak, 38-39, E4
Kliazma, 57, C1
Kola (Péninsule de), 55, D1
Königsberg, 56, C1
Körös, 56, C4
Kos, 60, D3
Kosciusko (Mont), 15, C3
Kosice, 56, D3
Kouban, 57, B3
Kouma, 57, C3
Koura, 57, C4
Koweït, 12-13, C2
Krasnodar, 57, B3
Kremaston (Lac), 60, A2
Krestovyi (Col), 57, C4
Krivoï Rog, 57, B3
Kuala Lumpur, 12-13, E4
Kupa, 58-59, G3
Kyllini (Mont), 60, B3
Kyushu, 12-13, F2

L

La Palma (Canarie), 50, A3
Labrador (Mer du), 10, D1
Lachlan, 15, C3
Ladoga (Lac), 55, D3
Lagan, 55, B4
Lagos, 14, B2
Lambro, 58-59, C3
Lancashire, 52, B3
Landes, 90-91, B3
Langres, 88-89, G3
Langres (Plateau de), 58-59, A1
Languedoc-Roussillon, 90-91, D3
Lanzarote, 50, B3
Laon, 88-89, F2
Laos, 12-13, E3
Laponie, 55, D1
Laptev (Mer de), 12-13, D1
Larissa, 60, B2
Las Palmas (Canaries), 50, A3
Lauragais (Seuil du), 90-91, C3
Lausanne, 58-59, A2
Laval, 88-89, C3
Lech, 58-59, D1
Leeds, 52, C3
Leewin (Cap), 15, A3
Leicester, 52, C3
Leipzig, 54, C2
Lek, 53, C2
Léman (Lac), 58-59, A2
Lemnos (Ile), 60, C1
Lena, 12-13, E1
Lens, 88-89, E1
Leon, 50, B1
Lesbos (Ile), 60, D2
Lesotho, 14, C4
Lessini (Monts), 58-59, D3
Lettonie, 38-39, D2
Leucade, 60, A2
Lewis (Ile), 52, A1
Liban, 12-13, C2
Liberia, 14, A2
Libreville, 14, B2
Libye, 14, B1
Libye (Désert de), 14, C1
Liège, 53, C3
Lille, 88-89, E1
Lilongwe, 14, C3
Lima, 11, B2
Limbourg, 53, C3
Limerick, 52, A3
Limmat, 58-59, C1
Limoges, 90-91, C1
Linz, 58-59, F1
Lion (Golfe du), 38-39, B4
Lipari (Iles), 51, C4
Lisbonne, 50, A2
Lisieux, 88-89, D1
Lituanie, 38-39, D2
Liverpool, 52, B3
Livourne, 51, B2
Lizard (Cap), 52, B4
Ljubljana, 58-59, F3
Loch Ness (Lac), 52, B2
Loches, 88-89, C4
Lodz, 56, C2
Lofoten (Iles), 55, B1
Loing, 88-89, E3
Loir, 88-89, C3
Loire, 88-89, C4
Lombardie, 51, A1
Lomé, 14, B2
Londonderry, 52, A3
Londres, 38-39, B3
Londres (Bassin de), 38-39, B3
Lons-le-Saunier, 88-89, G4
Lorient, 88-89, A3
Lorraine, 88-89, G2
Los Angeles, 10, A2
Lot, 90-91, C2
Louvain, 53, C3
Lovat, 57, B1
Lowlands, 52, B2
Luanda, 14, B3
Lübeck, 54, B1
Lublin, 56, D2
Lucerne, 58-59, B2
Lugano (Lac de), 58-59, C3
Lule, 55, C2
Lure (Montagne de), 58-59, A4
Lusaka, 14, C3
Luton, 52, C4
Luxembourg, 38-39, B3
Lvov, 56, D3
Lyonnais, 90-91, E1
Lys, 88-89, E1

M

Maastricht, 53, C3
Macassar (Détroit de), 15, A1
Macdonald (Lac), 15, B2
Macédoine, 38-39, D4
Macédoine (Grèce), 60, B1
Mackay (Lac), 15, B2
Mackenzie, 10, B1
Maçonnais, 90-91, E1
Madagascar, 14, D3
Madeira, 11, C2
Madras, 12-13, E3
Madrid, 50, B2
Magdebourg, 54, B2
Main, 54, B3
Majeur (Lac), 58-59, C3
Majorque, 50, D2
Malabo, 14, B2
Malaga, 50, B3
Malaisie, 12-13, E4
Mälar (Lac), 55, C3
Malawi, 14, C3
Maldives (Iles), 12-13, D4
Mali, 14, B1
Mamison (Col), 57, C4
Man (Ile de), 52, B3
Managua, 10, B3
Manche, 38-39, B3
Manche (La), 50, C2
Manchester, 52, B3
Manille, 12-13, F3
Mannheim, 54, A3
Mans (Le), 88-89, C3
Mantes-la-Jolie, 88-89, D1
Maputo, 14, C4
Margeride, 90-91, D2
Maribor, 58-59, G2
Marioupol, 57, B3
Marken (Lac de), 53, C2
Marmara (Mer de), 60, D1
Maroc, 14, A1
Marseille, 90-91, E3
Martigues, 90-91, E3
Mascate, 12-13, D3
Maseru, 14, C4
Mato Grosso, 11, C2
Matterhorn, 51, A1
Maubeuge, 88-89, F1
Mauges, 88-89, C4
Maures, 90-91, F3
Maurice, 14, D3
Maurienne, 90-91, F2
Mauritanie, 14, A2
Mayence, 54, A3
Mayenne, 88-89, C3
Mazures (Lacs), 56, C1
Mbabane, 14, C4
McKinley (Mont), 10, A1
Meaux, 88-89, E2
Mecklenbourg, 54, C1
Mecque (La), 12-13, C3
Méditerranée (Mer), 38-39, B4

Medvedista, 57, C2
Meïje, 58-59, A4
Mekong, 12-13, E2
Melbourne, 15, C3
Melun, 88-89, E3
Mende, 90-91, D2
Mené (Landes de), 88-89, B3
Menez Hom, 88-89, A3
Mérida, 50, B2
Mésopotamie, 38-39, F4
Messine, 51, C4
Messine (Détroit de), 51, C4
Métallifères (Monts), 54, C3
Météores, 60, B2
Metz, 88-89, G2
Meurthe, 88-89, H3
Meuse, 88-89, G3
Mexico, 10, B3
Mexique, 10, B3
Mexique (Golfe du), 10, B3
Mézenc (Mont), 90-91, D2
Miami, 10, B3
Michigan (Lac), 10, B2
Midi-Pyrénées, 90-91, C3
Midlands, 52, C3
Milan, 51, A1
Millevaches (Plateau), 90-91, C1
Mincio, 58-59, D3
Mino, 50, A1
Minorque, 50, D3
Minsk, 38-39, D2
Mississippi, 10, B2
Missouri, 10, B2
Modène, 58-59, D4
Mogadiscio, 14, D2
Moldavie, 38-39, D3
Möll, 58-59, F2
Moluques (Mer des), 15, A1
Mombassa, 14, C3
Monaco, 90-91, F3
Moncayo, 50, C1
Mönchengladbach, 54, A2
Mongolie, 12-13, E2
Monrovia, 14, A2
Mons, 53, B3
Mont-de-Marsan, 90-91, B3
Mont-Saint-Michel, 88-89, C3
Montargis, 88-89, E3
Montauban, 90-91, C3
Montbéliard, 88-89, H4
Montereau, 88-89, E3
Monterrey, 10, B3
Montevideo, 11, C3
Montluçon, 90-91, D1
Montpellier, 90-91, D3
Montréal, 10, C2
Monza, 58-59, C3
Morava, 56, B3
Moroni, 14, C3
Morvan, 88-89, F4
Moscou, 57, B1
Moscova, 57, B1
Moselle, 88-89, G3
Moulins, 88-89, E4
Mourmansk, 55, D1
Mozambique, 14, C3
Msta, 57, B1
Mulhacem (Pic), 50, C3
Mulhouse, 88-89, H3
Munich, 54, B4
Münster, 54, A2
Muonio, 55, C1
Mur, 58-59, G2
Murchison, 15, A3
Murcie, 50, C3
Myanmar, 12-13, E3

N

Nairobi, 14, C2
Namibie, 14, B3
Nancy, 88-89, G3
Nanterre, 88-89, E2
Nantes, 88-89, C4
Nao (Cap de), 50, D2
Naples, 51, C3
Naples (Golfe de), 51, C3
Narbonne, 90-91, D3
Narew, 56, D1
Narva, 57, A1
Narvik, 55, C1
Nassau, 10, B3
Nauru, 15, D1
Navarre, 50, C1
Naxos, 60, C3
Ndjamena, 14, B2
Nefud (Désert), 12-13, C3
Negro (Rio), 11, C2
Neisse, 54, C2
Nelson, 10, C2
Nemours, 88-89, E3
Nemunas, 57, A2
Népal, 12-13, E2
Nestos, 60, C1
Neuchatel (Lac de), 58-59, B2
Neusiedl (Lac), 56, B4
Nevers, 88-89, E4
New Delhi, 12-13, D2
New York, 10, C2
Newcastle, 15, C3
Newcastle upon Tyne, 52, C3
Niamey, 14, B2
Nicaragua, 10, B3
Nice, 90-91, F3
Niemen, 56, D1
Niger, 14, B2
Nigeria, 14, B2
Nigg Bay, 52, B2
Nijni-Novgorod, 57, C1
Nijni-Novgorod (Réservoir de), 57, C1
Nil, 14, C1
Nimègues, 53, D2
Nîmes, 90-91, E3
Nogent-sur-Seine, 88-89, F3
Noire (Mer), 57, B4
Noire (Montagne), 90-91, D3
Noirmoutier (Ile), 88-89, B4
Nord (Canal du), 52, B3
Nord (Cap), 55, D1
Nord (Territoire du), 15, B2
Nord-Pas-de-Calais, 88-89, E1
Normandie (Basse), 88-89, C2
Normandie (Haute), 88-89, D2
Northampton, 52, C4
Norvège, 38-39, C2
Norwich, 52, C3
Notec, 56, B1
Nottingham, 52, C3
Nouakchott, 14, A2
Nouvelle-Galles du Sud, 15, C3
Nouvelle-Guinée, 15, B1
Nouvelle-Zélande, 15, D4
Nouvelles-Hébrides, 15, D2
Novare, 58-59, C3
Nullarbor (Plaine de), 15, B3
Nuremberg, 54, B3
Nyiregyhaza, 56, D4

O

Ob, 12-13, D1
Oberkausen, 54, A2
Oder, 38-39, C3
Odessa, 57, A3
Odessa (Golfe d'), 57, B3
Oglio, 58-59, D3
Ognon, 58-59, A1
Ohio, 10, B2
Ohrid (Lac), 60, A1
Oise, 88-89, E2
Oka, 57, C1
Olomouc, 56, B3
Olympe (Mont), 60, B1
Olympie, 60, A3
Oman, 12-13, D3
Oman (Mer), 14, D2
Ombrie, 51, B2
Omsk, 12-13, D1
Onega, 38-39, E1
Onega (Lac), 38-39, E2
Ontario (Lac), 10, C2
Oppeln, 56, B2
Oradea, 56, D4
Oran, 14, B1
Orcades (Iles), 52, B1
Orenbourg, 57, D2
Orénoque, 11, C2
Orléans, 88-89, E3
Ortler, 58-59, D2
Oslo, 55, B3
Ossa (Mont), 60, B1
Ostende, 53, B3
Othe (Pays d'), 88-89, F3
Othrys (Monts), 60, B2
Ottawa, 10, C2
Ouagadougou, 14, B2
Ouche (Pays d'), 88-89, C3
Ouessant (Ile d'), 88-89, A3
Ouganda, 14, C2
Oujgorod, 56, D3
Oulan-Bator, 12-13, E2
Oulu, 55, D2
Oural, 57, D2
Oural (Monts), 38-39, F1
Ours (Grand Lac de l'), 10, B1
Ouzbékistan, 12-13, D2
Oviedo, 50, B1

P

Padoue, 51, B1
Palerme, 51, B4
Palma de Majorque, 50, D2
Palos (Cap de), 50, C3
Pampa, 11, C4
Pampelune, 50, C1
Panama, 10, B3
Panaro, 58-59, D4
Pantelleria (Ile), 51, B4
Paraguay, 11, C3
Paraguay, 11, C3
Paramaribo, 11, C2
Parana, 11, C3
Paris, 88-89, E2
Parisien (Bassin), 38-39, B3
Parme, 51, B1
Parme, 58-59, D4
Parnasse (Mont), 60, B2
Pas de Calais, 38-39, B3
Patagonie, 11, C4
Patras, 60, A3
Pau, 90-91, B3
Pays-Bas, 38-39, B3
Pays-de-la-Loire, 88-89, C3
Paz (La), 11, C3
Peace, 10, B1
Pékin, 12-13, E2
Péloponnèse, 60, B3
Pelvoux, 90-91, F2
Pennine (Chaîne), 52, B3
Penza, 57, C2
Perche, 88-89, C3
Perdu (Mont), 90-91, B4
Pergame, 60, D2
Périgord, 90-91, C2
Pérouse, 51, B2
Persique (Golfe), 12-13, D3
Perth, 15, A3
Pescara, 51, C2
Petchora, 38-39, E1
Peterborough, 52, C3
Petit Saint-Bernard (Col), 58-59 B3
Philippines, 12-13, F3
Phnom Penh, 12-13, E3
Piave, 58-59, E3
Picardie, 88-89, E2
Piémont, 51, A1
Pinde (Monts), 38-39, D4
Pinios, 60, B2
Piper, 52, C1
Pise, 51, B2
Plaisance, 58-59, C4
Plateau bavarois, 54, B4
Plateau lacustre (Finlande), 55, D2
Plock, 56, C2
Plomb du Cantal, 90-91, D2
Plymouth, 52, B4
Plzen, 56, A3
Pô, 51, B1
Poitiers, 88-89, C4
Poitou (Seuil du), 90-91, C1
Poitou-Charentes, 88-89, C4
Pologne, 38-39, C3
Poméranie, 54, D1
Pontique (Chaîne), 57, C4
Popocatepelt, 10, B3
Port Moresby, 15, C1
Port-au-Prince, 10, C3
Port-Louis, 14, D3
Port-Vila, 15, D2
Porto, 50, A1
Porto Alegre, 11, C3
Porto-Novo, 14, B2
Portsmouth, 52, C4
Portugal, 38-39, A4
Pouilles, 51, C3
Poznan, 56, B2
Prague, 38-39, C3
Praia, 14, A2
Prato, 51, B2
Prespa (Lac), 60, A1
Preston, 52, B3
Pretoria, 14, C4
Pripet, 57, A2
Provence-Côte-d'Azur, 90-91, E3
Provins, 88-89, E3
Psiloritis, 60, C4
Puy (Le), 90-91, D2
Puy de Dôme, 90-91, D1
Puy de Sancy, 90-91, D2
Pyongyang, 12-13, F2
Pyrée (Le), 60, B3

Q

Qatar, 12-13, D3
Quatre cantons (Lac), 58-59, C2
Québec, 10, C2
Queensland, 15, B2
Quercy, 90-91, C2
Quiberon, 88-89, B4
Quimper, 88-89, A3
Quito, 11, B2

R

Raba, 56, B4
Rabat, 14, A1
Radom, 56, C2
Rainier (Mont), 10, B2
Rangoun, 12-13, E3
Ratisbonne, 54, C4
Ravenne, 51, B1
Raz (Pointe du), 88-89, A3
Ré (Ile de), 90-91, A1
Reading, 52, C4
Recife, 11, D3
Reggio d'Emilie, 58-59, D4
Reggio de Calabre, 51, C4
Reims, 88-89, F2
Rennes, 88-89, C3
Reno, 58-59, E4
Reschen (Col), 58-59, D2
Réunion (Ile de la), 14, D3
Reuss, 58-59, C2
Reykjavik, 55, A1
Rheinwaldhorn, 58-59, C2
Rhin, 38-39, B3
Rhodope (Monts), 60, C1
Rhône, 90-91, E2
Rhône-Alpes, 90-91, E2
Rhune (La), 90-91, A3
Rif, 38-39, A4
Riga, 55, D4
Rijeka, 58-59, F3
Rimini, 58-59, E4
Rio de Janeiro, 11, D3
Risle, 88-89, D1
Riyad, 12-13, C3
Roanne, 90-91, D1
Roche-sur-Yon (La), 88-89, C4
Rochefort, 90-91, B1
Rochelle (La), 90-91, B1
Rodez, 90-91, D2
Rome, 51, B2
Roper, 15, B2
Rose (Mont), 58-59, B3
Rostock, 54, C1
Rostov, 57, C3
Rotterdam, 53, C2
Roubaix, 88-89, E1
Rouergue, 90-91, C3
Rouge (Mer), 14, C1
Roumanie, 38-39, D4
Royaume-Uni, 38-39, B2
Rügen (Ile), 54, C1
Ruhr, 54, A2
Russie, 38-39, E2
Rwanda, 14, C2
Rybinsk (Lac), 38-39, E2
Rybinsk (Réservoir de), 57, B1
Rzeszow, 56, D3

S

Saale, 54, B2
Sable (Grand Désert), 15, A2
Sahara, 14, B1
Saint Fergus, 52, B2
Saint George (Canal), 52, B4
Saint-Brieuc, 88-89, B3
Saint-Chamond, 90-91, E2
Saint-Domingue, 10, C3
Saint-Etienne, 90-91, D2
Saint-Jacques de Compostelle, 50, A1
Saint-Laurent, 10, C2
Saint-Lô, 88-89, C2
Saint-Malo, 88-89, B3
Saint-Marin, 51, B2
Saint-Nazaire, 88-89, B4
Saint-Omer, 88-89, E1
Saint-Petersbourg, 55, D3
Saint-Quentin, 88-89, E2

Saint-Sébastien, 50, C1
Saint-Vincent (Cap), 50, A3
Saintonge, 90-91, B1
Sakarya, 57, A4
Sakhaline, 12-13, F1
Salado, 11, C3
Salerne, 51, C3
Salomon (Iles), 15, D1
Salomon (Mer de), 15, C1
Salvador, 10, B3
Salvador (Brésil), 11, D3
Salzach, 56, A4
Samara, 57, D2
Samara, 57, D2
Samara (Réservoir), 57, D2
Samos, 60, D3
Samothrace (Ile), 60, C1
San Diego, 10, A2
San Francisco, 10, A2
San José, 10, B3
Sanaa, 12-13, C3
Sancerrois, 88-89, E4
Santa Cruz de Ténérife, 50, A3
Santander, 50, B1
Santiago, 11, C3
Sao Francisco, 11, D3
Sao Paulo, 11, D3
Saône, 90-91, E1
Saragosse, 50, C1
Sarajevo, 38-39, C4
Saratov, 57, C2
Sardaigne, 51, A3
Sarrebruck, 54, A3
Sarthe, 88-89, C3
Sassari, 51, A3
Satu Mare, 56, D4
Saumur, 88-89, C4
Save, 58-59, F2
Saxe, 54, C2
Scandinave (Massif), 55, C2
Scanie, 55, B4
Schisteux Rhénan (Massif), 53, D4
Schleswig-Holstein, 54, B1
Sécchia, 58-59, D4
Sedan, 88-89, F2
Segura, 50, C2
Sein (Ile de), 88-89, A3
Seine, 88-89, D1
Sélestat, 88-89, H3
Seliger (Lac), 57, B1
Sénégal, 14, A2
Sens, 88-89, E3
Séoul, 12-13, F2
Sevan (Lac), 57, C4
Severn, 52, B3
Séville, 50, B3
Sèvre Nantaise, 88-89, C4
Seychelles, 14, D3
Shanghai, 12-13, F2
Sheffield, 52, C3
Shetlands (Iles), 52, B1
Shikoku, 12-13, F2
Sibérie, 12-13, E1
Sicile, 51, C4
Sierra Morena, 50, B2
Sierra Nevada, 38-39, A4
Sierra-Leone, 14, A2
Silvretta, 58-59, C2
Simplon (Col du), 58-59, B3
Simpson (Désert de), 15, B2
Sinaï, 12-13, C2
Singapour, 12-13, E4
Sjaelland, 55, B4
Skagerrak (Détroit), 55, B4
Skellefte, 55, C2
Skiros (Ile), 60, C2
Skopje, 38-39, D4
Skye (Ile), 52, B2
Slovaquie, 38-39, D3
Slovénie, 38-39, C3
Smolikas, 60, A1
Sniardwy (Lac), 56, C1
Snowdorn, 52, B3
Sofia, 38-39, D4
Soissons, 88-89, E2
Sologne, 88-89, E3
Somme, 88-89, E1
Sonde (Ile de la), 15, A1
Souabe-Franconie (Bassin), 54, B3
Soukhona, 57, C1
Soutend-on-Sea, 52, C4
Southampton, 52, C4
Spezia (La), 51, A2
Spitzberg, 12-13, B1
Sporades (Iles), 60, C2
Spreewald, 56, A2
Sri Lanka, 12-13, E3
Stafford, 52, B3
Stanley (Chaîne), 15, C1
Starnberg (Lac), 58-59, E1
Stelvio (Col), 58-59, D2
Stockholm, 55, C3
Strymon, 60, B1
Stura, 58-59, B4
Stuttgart, 54, B3
Stymphale, 60, B3
Sudètes, 56, B3
Suède, 38-39, C2
Suisse, 38-39, B3
Suisse (Plateau), 58-59, B2
Sullom Voe, 52, C1
Sumatra, 12-13, E4
Sunderland, 52, C3
Supérieur (Lac), 10, B2
Surinam, 11, C2
Sussex, 52, C4
Swansea, 52, B4
Swaziland, 14, C4
Sydney, 15, C3
Syr Daria, 12-13, D2
Syrie, 12-13, C2
Szamos, 56, D3
Szczecin, 56, A1
Szeged, 56, C4

T

Tachkent, 12-13, D2
Tadjikistan, 12-13, D2
Tage, 38-39, A4
Tagliamento, 58-59, E3
Taipei, 12-13, F3
Taiwan, 12-13, F3
Tallinn, 55, D3
Tamanrasset, 14, B1
Tamise, 52, C4
Tampere, 55, D3
Tanami (Désert), 15, B2
Tanger, 14, B1
Tanzanie, 14, C3
Tarbes, 90-91, B3
Tarente, 51, D3
Tarente (Golfe de), 51, D3
Tarn, 90-91, C3
Tarnow, 56, C3
Taro, 58-59, D4
Tarragone, 50, D1
Tasman (Mer de), 15, C4
Tasmanie, 15, C4
Tatras, 56, C3
Tauern (Basses), 58-59, F2
Tauern (Hautes), 58-59, E2
Taurus, 38-39, E4
Tavignano, 90-91, G4
Tbilissi, 57, C4
Tchad, 14, B2
Tchad (Lac), 14, B2
Tchèque (République), 38-39, C3
Tchernobyl, 27, A2
Tchoudes (Lac), 57, A1
Teeside, 52, C3
Teesport, 52, C3
Tegucigalpa, 10, B3
Téhéran, 12-13, C2
Teide (Mont), 50, A3
Tel-Aviv, 12-13, C2
Tende (Col de), 58-59, B4
Ténérife, 50, A3
Terek, 57, D4
Tessin, 58-59, C3
Têt, 90-91, C4
Thaïlande, 12-13, E3
Thassos (Ile), 60, C1
Theddlethorpe, 52, C3
Thessalie, 60, B2
Thessalonique, 60, B1
Thessalonique (Golfe), 60, B1
Thiérache, 88-89, F2
Thimphou, 12-13, E3
Thionville, 88-89, G2
Thomson, 15, B2
Thrace, 60, C1
Thrace (Mer de), 60, C1
Tian Shan, 12-13, D2
Tibet, 12-13, E2
Tibre, 51, B2
Tigre, 12-13, C2
Timfristos, 60, A2
Timor (Mer de), 15, A1
Tirana, 38-39, D4
Tisa, 56, D3
Tisza, 56, C4
Togliatti, 57, D2
Togo, 14, B2
Tokyo, 12-13, F2
Tolède, 50, B2
Tombouctou, 14, B2
Torre (Mont), 50, A2
Torrens (Lac), 15, B3
Torun, 56, C1
Toscane, 51, B2
Toul, 88-89, G3
Toula, 57, B2
Toulon, 90-91, E3
Toulouse, 90-91, C3
Touraine, 88-89, C4
Tourcoing, 88-89, E1
Tournai, 53, B3
Tours,88-89, C4
Trasimène, 51, B2
Traun, 58-59, F1
Trent, 52, C3
Trente, 51, B1
Trévise, 51, B1
Trieste (Golfe de), 58-59, F3
Tripoli, 14, B1
Troie, 60, D2
Troyes, 88-89, F3
Tsimliansk (Réservoir de), 57, C3
Tuchenn Gador, 88-89, A3
Tulle, 90-91, C2
Tunis, 14, B1
Tunisie, 14, B1
Turin, 58-59, B4
Turin, 51, A1
Turkménistan, 12-13, D2
Turquie, 38-39, E4
Tuvalu, 15, D1
Tyrol, 58-59, D2
Tyrrhénienne (Mer), 38-39, C4

U

Udine, 51, B1
Ujung Pandang, 15, A1
Ukraine, 38-39, D3
Ulm, 54, B4
Ulu Diag, 57, A4
Ume, 55, C2
Uruguay, 11, C3
Ushuaia, 11, C4
Utrecht, 53, C2

V

Vah, 56, C3
Val d'Aoste, 51, A1
Valachie, 38-39, D4
Valence (Espagne), 50, C2
Valence (France), 90-91, E2
Valenciennes, 88-89, F1
Valladolid, 50, B1
Vancouver, 10, B2
Vänern (Lac), 55, B3
Vannes, 88-89, B3
Vanoise, 90-91, F2
Vanuatu, 15, D2
Varna Istambul, 57, A4
Varsovie, 56, C2
Vatnajokull (Glacier), 55, A2
Vättern (Lac), 55, B4
Vecht, 53, D2
Velebit (Monts), 58-59, G4
Velikaïa, 57, A1
Vendée, 88-89, C4
Vénétie, 51, B1
Venezuela, 11, C2
Venise, 51, B1
Venise (Golfe de), 58-59, E3
Ventiane, 12-13, E3
Ventoux (Mont), 90-91, E3
Vercors, 90-91, E2
Verdon, 90-91, E3
Verdun-sur-Meuse, 88-89, G2
Verkhoïansk (Monts), 12-13, E1
Vérone, 51, B1
Versailles, 88-89, E2
Vesoul, 88-89, G3
Vesteralen (Archipel), 55, C1
Vésuve, 51, C3
Vetlouga, 57, C1
Vexin, 88-89, E2
Vicenze, 58-59, E3
Vichy, 90-91, D1
Victoria (Ile Canada), 10, C1
Victoria, 14, D3
Victoria, 15, B2
Victoria (Grand Désert), 15, B3
Victoria (Lac), 14, C2
Vienne (Autriche), 58-59, G1
Vienne, 88-89, C4
Vienne (France), 90-91, E2
Vierzon, 88-89, E4
Vietnam, 12-13, F3
Vignemale, 90-91, B4
Vigo, 50, A1
Vilaine, 88-89, B3
Vilnius, 57, A1
Vistule, 56, C1
Vitava, 56, A3
Vitry-le-François, 88-89, F3
Vittel, 88-89, G3
Vladivostok, 12-13, F2
Volga, 57, B1
Volga (Canal de la), 57, B1
Volga, 12-13, C1
Volga (Plateau de la), 57, C2
Volgograd, 57, C3
Volgograd (Réservoir de), 57, C2
Volos, 60, B2
Voronej, 57, C2
Vosges, 38-39, B3
Vytchegda, 38-39, E1,

W

Waal, 53, C2
Wadden (Mer des), 53, C1
Waldenburg, 56, B2
Warrego, 15, C2
Wash (The), 52, C3
Washington, 10, C2
Waterloo, 53, C3
Wellington, 15, D4
Wertach, 58-59, D1
Weser, 54, B2
Whitney (Mont), 10, A2
Wiesbaden, 54, A3
Wight (Ile), 52, C4
Wildspitze, 58-59, D2
Wilhelm (Mont), 15, C1
Windhoek, 14, B3
Winnipeg (Lac), 10, B2
Winterthur, 58-59, C1
Wloclawek, 56, C2
Woëvre, 88-89, G2
Wroclaw, 56, B2
Wurtemberg, 54, B4

Y

Yamoussoukro, 14, B2
Yaoundé, 14, B2
Yaren, 15, D1
Yémen, 12-13, D3
Yeu (Ile de), 88-89, B4
Yonne, 88-89, E3
York, 52, C3
York (Cap), 15, B1
Yorkshire, 52, C3
Yougoslavie, 38-39, D4
Yser, 53, B3
Yucatan, 10, B3

Z

Zagreb, 58-59, G3
Zagros (Monts), 12-13, D2
Zaïre, 14, C3
Zambie, 14, C3
Zante, 60, A3
Zaporojie, 57, B3
Zegrze (Lac), 56, C2
Zeil (Mont), 15, B2
Zimbabwe, 14, C3
Zong (Lac), 58-59, C2
Zuckethütl, 58-59, D2
Zugspitze (Mont), 54, B4
Zürich, 58-59, C1
Zürich (Lac), 58-59, C2
Zwickau, 54, C3

Achevé d'imprimer : GIUNTI - Italie
N° d'Éditeur : 2002 / 106 - Dépôt légal : Janvier 2002